T. G. G Valette

Key to the Dutch Conversation-Grammer

T. G. G Valette

Key to the Dutch Conversation-Grammer

ISBN/EAN: 9783337310240

Printed in Europe, USA, Canada, Australia, Japan

Cover: Foto ©Paul-Georg Meister /pixelio.de

More available books at **www.hansebooks.com**

METHOD GASPEY-OTTO-SAUER.

KEY

TO THE

DUTCH
CONVERSATION-GRAMMAR

BY

T. G. G. VALETTE,

TEACHER AT THE R. H. B. SCHOOL AND THE GYMNASIUM GOUDA

LONDON.

DAVID NUTT, 270 Strand.
DULAU & Co., 37 Soho Square.
SAMPSON LOW & CO., St. Dunstan's House, Fetter Lane, Fleet Street.
AGENCIES FOR AMERICA:

NEW YORK.
E. STEIGER & Co.,
25 Park Place.
THE INTERNATIONAL
NEWS COMPANY,
29 and 31 Beekman Street.

CHICAGO.
MÜHLBAUER & BEHRLE,
41 La Salle Street.
BOSTON.
CHARLES SCHŒNHOF,
144 Tremont Street.

HEIDELBERG.
JULIUS GROOS.
1893.

First Part. Eerste Deel.

Second Book.

—

Translation of the Exercises.

1.

De vrouw heeft een(en) hond. De dagen van het jaar. Wat hebt gij geantwoord? Het huis van den vader. Wat hebt gij gedaan or *gemaakt? Wij hebben een hart. Hebben zij geantwoord? Kom voor den eten. Het middagmaal der vrouw. Zijne moeder heeft een huis. Een boek ter bezichtiging. Heeft zij een(en) hond? Het boek van het kind. Zij was oud. Gij moet antwoorden. Zij was* or *bevond zich ten huize van hare moeder. Voor schoolgebruik* or *Ten gebruike van scholen. Hij legde zijn(en) vinger op haar* or *haren mond.*

2.

Den herbergier, den herbergier; een(en) herbergier, een(en) herbergier; den koning, den koning; der dorpsherberg, de dorpsherberg; eener dorpsherberg, eene dorpsherberg; het ei, het ei; mijn ei, mijn ei; der guinje, de guinje; eener guinje, eene guinje; der rekening, de rekening; hunner rekening, hunne rekening; den lande or *het land, het land; ons land, ons land; den honden, de honden; mijnen honden, mijne honden; den koningen, de koningen; onzen koningen, onze koningen; den eieren, de eieren; hunnen eieren, hunne eieren; den Neder-landen, de Nederlanden.*

4.

De vrouw is oud. De koning heeft vergeten. Hoe oud zijt gij or *Hoe oud is* or *zijt U? Wij hebben een(en) hond. Hij heeft een ei. De herbergier is slim* or *sluw. De koning is oud. De eieren zijn schaarsch. Hebben de Nederlanden* een(en) koning? Is de vrouw oud? Heeft de herbergier een(en) hond? Wij hebben eene quitantie. Wij bezorgen hem een(en) hond. Koningen zijn schaarsch. De vrouw glimlacht. Hier is een(e) herberg. Hij wenscht een ei voor zijn ontbijt. Zijn land heeft een(en) koning. Was de herbergier oud?

6.

De herbergier had een(en) hond. Had de vrouw eieren? Had George II een koninkrijk? Wij hadden een(e) quitantie. Hadt gij eene guinje? De krekel had gezongen. De vrouw had gedanst en gezongen. Had hij iets gedaan? Zij hadden een(e) herberg. Wij wenschten eenige eieren voor het ontbijt. Zij wendden zich tot den koning. Hebben zij gedanst? Wij redden een kind. De koning had eenige honden. Wat had het kind? Het kind had eene guinje.

8.

De koning was or bevond zich in Hanover en in de Nederlanden. Was de herbergier slim? Waart gij in Engeland? Waren zij woedend? Was de vrouw oud? Zij had een(en) schat. De steen was or bevond zich in den tuin. De buurman was veel rijker. Waren de eieren schaarsch? De hond was oud. Was het in den zomer? De krekel had gezongen. Was de krekel hongerig?

9.

De vrouw was negentig jaar oud. De honden waren wakker. De koning is in Engeland. De eieren zullen schaarsch zijn. De koning is in Hanover geweest. De herbergier zou slim geweest zijn. De krekel was lui geweest. Het is goed or in orde. De vrek zal zeer ongelukkig zijn. Gij zijt niet armer dan te voren. Wees, weest stil! Hij zou woedend geweest zijn. Wees, weest niet lui! Wij zouden rijker geweest zijn. De koning is hier geweest. De schat is nog in den tuin. Waren zij gelukkig? Wij zijn arm. Zij waren rijk. Waren zij oud? Gij zijt lui geweest. De burgerman was niet slim. Hij is vriendelijk geweest. Ik geloof, dat hij rijk is. Was de edelman trotsch? Zou hij gelukkig geweest zijn?

10.

De koning had eieren voor zijn ontbijt. De herbergier had eene rekening gehad. De krekel zal in den zomer zingen. Wij zullen een langen winter hebben. Iemand heeft den schat, die in den tuin was, gestolen. Gij zult den schat niet hebben.

De burgerman zeide: „Bedienden heb ik niet." Ik zal de eer hebben. Hij heeft een groot boek geschreven. Heb, hebt geduld! Ik zou geduld gehad hebben. Zij hebben mooie honden gehad. Wij hadden een groot boek gehad. Hij heeft moed gehad. Wij zouden eenen schat gehad hebben. De krekel zou in den winter gezongen hebben. Heb, hebt moed!

11.

De vrouw zou vergeten geworden zijn. De slapende honden zijn wakker geworden. De eieren zullen gelegd worden. De krekel zou in den zomer gezongen hebben. Word, wordt, gelukkig! De vrek zou bestolen geworden zijn. Een steen werd in zijne plaats gelegd. Het boek werd geschreven. Word niet bedroefd! De andere honden werden in de rivier gezien. Ik zou in den tuin gezien geworden zijn. Wij zouden vergeten geworden zijn. Het stuk vleesch zou gegeten geworden zijn. Ik word bestolen. Gij wordt gewekt. Het paleis werd gebouwd. Hij werd bemerkt. Het lied zal gezongen worden. Wij raakten het kwijt. De eieren waren gegeten geworden. Het boek zal geschreven worden.

16.

A. Een aanbod, een(en) afgod, een(en) avond, eene aarde, een(en) April, een(en) arbeid, een(en) adem, een(en) adeldom, een(en) azijn, eene aak, een boek, een(en) brand, een(en) bek, eene beeltenis, eene begeerlijkheid, een(en) berk, eene beurs, een(en) bezem, een blauwsel, een(en) bankier, een blad, een bad, een berel, een brood, een(en) boom, een(en) bouw, een(en) beuk, een(en) beitel, eene bark, eene belooning, eene bedelarij, een bisdom, een bloempje, een bedrag, eene bes, eene brik, een Christendom, een(en) cent, eene canapé, een(en) dag, een(en) dood, eene dorpsherberg, eene dracht, een(en) dorst, eene duif, een(en) December, eenen dienst, eene dwaasheid, een(en) doek (object), een(en) diamant (object), een(en) Dinsdag, eene dienstbaarheid, een(en) driemaster, een(en) draad (object), een eten, een ei, een einde, een eikenloof, eene ellende, eene fabriek, een(en) Februari, een goed, eene gelegenheid, een gebergte, eene guinje, een gat, eene goedheid, een genootschap, een graan, eenen gulden, een gereedschap, een gewin, een goud, een gehucht, een gebruik, een gezelschap, een gebeente, een(en) honger, een(en) hond, een(en) honing, een heidendom, een huis, een hoofd, een(en) hemel, een horloge, eene hoogte, eene hand, een(en) invloed, een(en) inkt, een(en) Juni, een jaar, een(en) krekel, een kalf, een

1*

kind, een kleed, een kleinood, eene kruin, eene kracht, eene koffie, eene koude.

B. Een lucifertje, een(en) lepel, een lam, een lied, een lid, eene lucht, eene lei (object), eene lelie, eene linde, eene lettergreep, een(en) last, een lichaam, een leger, een(en) maaltijd, eene misdaad, eene maand, een(en) Maart, een(en) mond, eene maag, een(en) mosterd, een(en) Maandag, eene majesteit, een(en) nacht, een ontbijt, eene ongesteldheid, een onderwijs, een ontstaan, eene onderwereld, een(en) October, een oog, een overblijfsel, eene plaats, een plan, eene pen, eene pracht, eene peer, een paard, een(en) prijs, eene rekening, eene rivier, een rijtuig, eene rots, een rad, een rund, eene rij, een(en) room, een(en) robijn (object), een(en) rijksdaalder, een(en) regen, een raadsel, eene rogge, een(en) rijkdom, een(en) schat, een(en) steen, een(en) schouwburg, een(en) stokslag, een stuk, eene straat, eene stad, een schip, een sieraad, een spel, een slot, eene sofa, een standbeeld, eene som, een(en) September, een(en) stam, een(en) schooner, een(en) storm, eene siroop, eene schaduw, eene slijtage, een(en) tuin, een(en) twist, een(en) tak, eene tafel, eene tralie, eene turf, een(en) tijd, eene trompet, eene tarwe, een uurwerk, eene uniform, een(en) vinger, een vleesch, eene vigilante, eene vrees, een(en) verjaardag, eene vloo, een vat, eene verbazing, een vogeltje, een verdriet, een(en) vrede, een vonnis, een vaderland, een(en) val, eene vriendschap, een veulen, eene verwantschap, een verlies, een volk, een vorstendom, eenen winter, een water, een(en) weg, een(en) wind, een(en) wijn, een(en) wortel, een(en) wasdom, een(en) waard, een(en) and eene wacht, eene wol, een(en) wasem, een zinnebeeld, een(en) zomer, een zout.

18.

De avonden, de boeken, de bruigoms, de bekken, de bezems, de beeltenissen, de beurzen, de boorden, de bankiers, de Christenen, de dorpsherbergen, de dokters and doctoren, de dronken, de regaas, de engelen, de goederen, de guinjes, de gierigaards, de geneesheeren, de honden, de herbergiers, de huizen, de hoeken, de hoofden, de jaren, de krekels, de koks, de koningen, de knechts and knechten, de koetsiers, de lauweren, de lucifertjes, de monden, de matrozen, de medicijnkisten, de misdaden, de maaltijden, de nachten, de heeren, de gastheeren, de hertogen, de prinsen, de ketens and ketenen, de duiven, de lammeren, de runderen, de gemoederen, de liederen, de luiaards, de huisjes, de loodsen, de einden, de huizen, de gebergten, de klinkers, de maten, de medeklinkers, de muizen, de ongevallen, de profeten, *de plaatsen, de paarden, de pausen, de patienten, de plannen, de raas, de reizigers, de rekeningen, de rivieren, de rijtuigen, de rotsen, de schatten, de steenen, de schouwburgen, de stokslagen, de studeervertrekken, de stukken* and *stuks, de straten, de stervelingen, de tuinen, de turven, de twisten, de takken, de vaandrigs, de vlaas, de vrouwen, de vorsten, de volken* and *volkeren, de vingers* and *vingeren, de vrekken, de vaders* and *vaderen, de winters, de winden, de wonderen, de zomers, de zweepen, de zeilpartijen.*

20.

De twisten, de jongens, de noten, de doppen, de pitten, de vonnissen, de rechters, de leden, de gelederen, de eitjes, de blaadjes, de oogleden, de schepen, de hoentjes, de lammetjes, de smeden, de diertjes, de steden, de vlooien, de sieraden and *sieradiën, de koeien, de wijsheden, de goedheden, de timmerlieden* and *timmerlui, de landlieden* and *landlui, de gelegenheden, de staatslieden, de kooplieden* and *kooplui, de heldendaden, de collega's, de bougies, de geniën, de horloges, de canapé's, de gymnasiën* and *gymnasia, de bureau's, de sofa's, de tralies* and *traliën, de werken, de dichters.*

21.

Doel, doeleinden; băd, bāden; gedrăg, gedrāgingen; zegen, zegeningen; slăg, slāgen; văt, vāten; hŏl, hōlen; troost, vertroostingen; raad, raadgevingen; dăl, dālen; dăg, dāgen; bedrog, bedriegerijen; wanorde, wanordelijkheden; genot, genietingen; spĕl, spēlen; glăs, glāzen; gŏd, gōden; aarzeling, aarzelingen; găt, gāten; eer, eerbewijzen; afgŏd, afgōden; oordeel, oordeelvellingen; kennis, kundigheden; blăd, blāden; leer, leeringen, leerstukken, leerstellingen; slŏt, slōten; lŏt, lōten; bevĕl, bevēlen; păd, pāden; roof, rooverijen; răd, rāden.

22.

Brethren, bones, leaves (of a tree), descendants (f.), heathens, heavens, clothes, slaves or (fig.) lansquenets, letter (literature), tables (of the law), forefathers, flood or sorts of water, carrots, descendants (m.), small clothes, brothers, legs (bones), leaves of a book (sheets, blades, flaps of a table, newpapers), daughters, gipsies, testers, cloths, servants, letters, tables, fathers, rivers, roots (also fig.), sons, small cloths or skirts.

23.

Voorouders, Apennijnen, wapen(en), koude asch, hersens, zaak or *zaken, de Balearen, Belgen, biljartspel, kleederen (kleeren)*, onkosten, passer, inhoud, Denen, grondsop *(bezinksel)*, ingewanden, Engelschman, de Engelschen, kosten, gloeiende asch, huisraad or meubelen, Franschman, de Franschen, goederen, inlichtingen, kennis *(kundigheden)*, gelieven, wiskunde, mazelen, Muzelman, werktuigkunde, notenkraker, Noormannen, haver, ouders, lieden, vordering(en), nijptang, vermogen, natuurkunde, de Portugeezen, de Pyreneeën, inkomsten, rijkdom, Russen, pokken, schaar, kracht(en), snuiter, Zweden, bril, trap, dank, tijding, tang, broek *(pantalon)*, levensmiddelen, loon, kapiteins, korporaals, collega's, geniën, gymnasiën or gymnasia, dames, officiers or officieren, professors or professoren, sergeants or sergeanten, postwagens, humeuren, vizieren, horloges, tien stuiver, vijf gulden, vier el laken, tien pond suiker, twintig riem papier, twee vat bier, zestig cents.

25.

De dood der oude vrouw. Geene slapende honden. De rekening van den slimmen herbergier. Een enkel ei. In eene groote dorpsherberg *(dorpskroeg)*. Eieren zijn schaarsch. Gedurende den ganschen dag en den ganschen nacht. De schat van den ongelukkigen gierigaard. Een ellendige *(armzalige)* steen. Gij zoudt uw(en) grooten schat niet hebben. De vrek was arm. De bedienden van een jongen *(jeugdigen)* en zeer trotschen edelman. Zij spraken over het vriendelijke aanbod. De studeerkamer or het studeervertrek eens geleerden or van een geleerd man. De geleerde schreef groote boeken. De hond zwom over de groote rivier. Hoe groot was zijn verbazing! Wij gaan naar een verwijderde stadswijk. De dokter van een Engelsch schip. Hij verdronk in zijn eigen medicijnkist. Hij deelde het aan de stervelingen mede. Hij leefde in eeuwigdurende vrees. Die knaap was getuige. Deze knapen waren getuigen van den twist. Hij plaatste zich tusschen de twistenden. De kleine jongens zagen de noot. In zijne hooge wijsheid. Het oudbakken brood. Een(e) opgeraapte noot. Het gestolen vleesch. Aan de rechterzijde. Met de linkerhand en voet. Veel goeds. Niets nieuws. Hij zag het met zijn rechteroog. De Rotterdammer boot. Neurenberger speelgoed.

26.

Armer, armst; aanzienlijker, aanzienlijkst; bedroefder, bedroefdst; begeerlijker, begeerlijkst; beminder, bemindst; belangrijker, belangrijkst; bouwvalliger, bouwvalligst; beroemder, beroemdst; blijder, blijdst; bekwamer, bekwaamst; blooder, bloodst;

deftiger, deftigst; duidelijker, duidelijkst; ellendiger, ellendigst; frisscher, frischt; goedkooper (beterkoop), goedkoopst; beter, best; geleerder, geleerdst; gemakkelijker, gemakkelijkst; gieriger, gierigst; hooger, hoogst; handiger, handigst; heviger, hevigst, innemender, innemendst; ingenomener, ingenomenst; jonger, jongst; juister, meest juist; koeler, koelst; kleiner, kleinst; liever, liefst; nauwkeuriger, nauwkeurigst; ouder, oudst; ongelukkiger, ongelukkigst; ongestelder, ongesteldst; schaarscher, het meest schaarsch (schaarscht); trotscher, het meest trotsch (trotscht); treuriger, treurigst; tevredener, tevredenst; uitmuntender, uitmuntendst; uitstekender, uitstekendst; vlijtiger, vlijtigst; vergenoeyder, vergenoegdst; vrijmoediger, vrijmoedigst; meer, meest; vriendelijker, vriendelijkst; wijzer, wijst; wakkerder, wakkerst; minder, minst; welsprekender, welsprekendst; welddadiger, weldadigst; woedender, woedendst; zekerder, zekerst; zuiverder, zuiverst; zwaarder, zwaarst.

27.

Zijne zuster was eene groote (rijzige) en schoone dame. Tell was geen slecht (onbedreven) jager. De koning is een goed or goede vader. Wij gaan naar Londen met de Vlissinger boot. Gaat gij met de Amsterdammer boot? Mijn meest geliefde (geliefdste) vriend gaat met mij mede. In het woud (bosch) genoten wij de volledigste (volmaaktste) rust. Het bovengedeelte van het huis is bouwvallig. De jongste van deze twee jongens is ziek. Dit feit is van het meeste gewicht or allerbelangrijkst. Hij gaat met een Rotterdammer boot naar New-York. Wij hebben het Lager- en het Hoogerhuis gezien. Dat dorp is zeer mooi. Zijt gij zoo groot als uw broeder? Neen, ik ben veel grooter dan hij. Die man is meer handig dan geleerd. Schoolboeken zijn goedkooper dan romans. Deze kamer is buitengewoon groot. Waar is de Theems het breedst? De vrek was minder gelukkig dan rijk. Wees tevreden en gij zult gelukkiger dan de rijkste zijn.

29.

In Januari en December is het koud. In Februari sneeuwt het dikwijls. In Maart stormt het dikwijls. In Mei is het nog niet warm. In den zomer is het meestal te warm. Het donderde en bliksemde gisteren. Het was van morgen erg nevelig or Het nevelde van morgen erg. Het is thans warm genoeg. Het doet mij genoegen, dat het niet geregend heeft. Het is naturlijk, dat het in December vriest. In welke

maand vriest het 't meest? In *April* is het weer (weder) on-
bestendig, nu regent, hagelt of sneeuwt het, dan weer is het
zacht. In *Maart* begint de lente, in *Juni* de zomer, in *Sep-*
tember de herfst en in *December* de winter. *Daar (Er)* zijn
tal van menschen, die dit niet weten. In welke maand
worden de appels rijp? Zijn er dit jaar veel appels en peren?
Waren er vele slechte menschen in zijn gezelschap? Dauwt het
thans? Neen, het vriest weer. Het spijt mij zeer, dat hij ons
verlaat. Het verheugt or verblijdt mij zeer, dat het weer vriest.
Het is al erg laat. Er werd druk gezongen en gedanst in het
dorp. Het schijnt te rijmen. Hoe laat is het? Het is half zes.

32.

Een en dertig appels, eenige afgoden, vele burgerlui, drie-
en-vijftig boeken, alle bladen, honderd brooden, de eerste boomen,
de tiende brik, menig koninkrijk, ettelijke duiven, de achttiende
(Acc. den achttienden) December, drie driemasters, de meeste
eiken, menig generaal, tweeërlei trompetten, allerlei gezangen,
vele hoofden, eenige huizen, half zeven, de twintigste (Acc. den
twintigsten) Juni, driemaal geschreven, het is kwart over eenen,
beiden zagen het, geene koningen, het is over drieën, de achtste
koopman, vierderlei leliën, allerlei lieden, de negende maand,
de eerste maaltijd, eenig geld, de 21ste (Acc. den 21sten) Mei
achttienhonderd zes en dertig, honderd duizend uurwerken, vier-
honderd straten, vier duizend personen, een half, de helft, een
half pond, een tiende deel, drie negens, vier achten, een tien-
millioenste, meerdere ministers, beide jongens, een drievoudig
ongeluk, negentig patienten, een tweevoudig (dubbel) raadsel,
zijn geboortefeest (jaardag) valt op den zesden Augustus or
hij is op den zesden Augustus jarig, de elfde rekening, het
is reeds over twaalven, een anderen keer, twee en een halve
guinje, anderhalve gulden, tachtig boeken, de derde hond, zes-
derlei boomen, vier honderdsten van een gulden, de dertigste
November achttienhonderd een en negentig, vijftigerlei uurwerken, verscheidene honden, eenige telwoorden, vele werk-
woorden, de honderdste man, hoe laat is het? Den hoeveelsten
der maand hebben wij van daag? Het is de eerste, de derde,
de achtste.

33.

Mijn boek. Uwe dochter. Ons huis. Uw koning. Zijne
landhuizen. Welk brood? Wat voor een man is zijn broeder?
Welke moeder zou dat doen? Wien ziet gij? Wien hebt gij

het gezegd? Wie was er hier? Wiens huis is dit? Wiens boeken zijn er verloren? Mijn huis en het uwe. Mijne honden en de zijne. Waarover spreekt hij? Hebt gij elkander gezien? Hij denkt altijd aan de zijnen. Het boek mijns broeders of dat des uwen is verloren. De zijnen hebben hem lief. Het kind heeft zijn geld verloren, het is bedroefd. Hebt gij uw huis verkocht? Welk huis? Daar vindt gij uws gelijken. Wij hebben het zijnenthalve gedaan. In welken tuin bevond zich zijn schat? Wiens boek is dit? Het is van mijn broeder of van Jan.

34.

Men zegt het. Waar spreekt ge van? Ieder weet het. Iedereen heeft het gezien. Van wien hebt gij het gehoord? Een zekere Meneer B. was hier. Zeg mij met wien gij verkeert en ik zeg u, wie gij zijt. Wie dat zegt weet er niets van. Wij beklagen hem, die geen vriend heeft. Iedereen heeft er van gehoord. Niemand wil er iets van weten. Hier zijn twee boeken, dit is van u, dat van uw broeder. Hij weet niet wat hij zegt. Ik heb dezen man zeer dikwijls gezien. Kent gij dien man? Een van zijne vrienden is hier geweest, maar hij weet niet wie. Zij ontmoeten elkander dikwijls. In welke straat? Zijn die huizen van U? Neen, maar deze zijn van mij. Altijd helpen zij elkander. Ik heb iemands boeken gevonden. Ik heb het aan niemand verteld. Niemands boeken zijn gevonden. Welken weg moet ik nemen (inslaan)? Dezen. Geef hem wat vleesch. Hebt gij een stukje brood? Heeft hij iets goeds gedaan? Dit is alles wat ik van hem gelezen heb. Wat zegt men van den oorlog? Iedere hond kan zwemmen. Elk soldaat zou desgelijks doen or *op gelijke wijze handelen.*

35.

Hunne — de laatste — de eerste — er nog enkele — Wat — Wat voor — wiens — wien — wien — van hem — Hij — hem — van hen — niets — niets — iets — Allen — iedereen — Velen — weinigen — ieder — wiens — aan wie — goeden — welken — welks — beiden — anderen — wien.

36.

Hij, die or *wie — hij die* or *wie onzer — Wien — dien — Wiens — wiens* or *diens — welks — welke — welker* or *wier — hij, die — wat — die — welke — hij, die — hen — (hij) — de uwen — iemand ter wereld —*

zoo iets — *Gij* — *uw(en)* — *zijns* — *weinige* — **Een ieder** or *elk* — *het uwe* — *het mijne* — *over mij* — *zelf* — **Zelfs** — *elkander* — *elkander* — *elkander*.

38.

Gij zoudt de fout niet hebben kunnen opmerken. Gij zoudt de fout niet hebben kunnen or *mogen opmerken. Gij kunt de fout niet hebben opgemerkt. Gij kunt* or *gij moogt de fout niet hebben opgemerkt. Gij zoudt de fout hebben kunnen* or *gij hadt de fout kunnen opmerken. Ik zou de fout opgemerkt hebben. Gij hadt de fout moeten opmerken. Hij zou ons niet kunnen* or *mogen verstaan. Hij kon ons niet verstaan (begrijpen)* or *Hij zou ons niet kunnen* &c: *Hij kan het wel niet gezien hebben. Hij kan het niet gezien hebben. Hij kan zich (wel) vergissen. Als gij iets goed wilt gedaan hebben, doe het dan zelf. Het zal tijd zijn als de klok twaalf slaat. Het zal gedaan zijn, wanneer de klok 12 slaat. Hij, die dit deed, zou een van de grootste weldoeners der menschheid (van het menschdom) zijn. Gij zoudt mij een genoegen doen, als gij dit voor mij vertalen wildet. Het zou mij verheugen, als gij slaagdet. Mijn broeder zegt, dat hij (stellig) ongetwijfeld zal gestraft worden. Mijn broeder zegt, dat hij zal gestraft worden. Hij zou mij een boek hebben megebracht, maar hij heeft het vergeten. Het gebeurde, dat de koning over Nederland reisde. Wij hebben van Whitby naar Malton gewandeld. Hoe lang hebt gij gewandeld? Wat is er van hem geworden? Ik ben besloten dit land niet te verlaten. Deze kinderen hebben altijd het voorbeeld hunner ouders gevolgd. Ik ben zijn naam vergeten. Ik deed beter met dadelijk te vertrekken. Mij dunkt gij deedt beter in uw eigen land te blijven. Hoe vaart U, Mijnheer? Dank U, heel goed. Daar ik ongesteld ben, verzoek ik U vriendelijk mij te verschoonen.*

39.

Waren — *waren* — *had* — *was* — *had* — *waren* — *waren* — *moest* — *is* — *heb* — *heb* — *heb* — *is* — *hebt* — *hebt* — *heeft.*

40.

Wilt — *kan* — *wordt* — *mag* — *mag* — *mag* — *zou* — *ben* — *zal* — *zal* — *zou* — *zal.*

42.

Waren — *werd* — *kwamen* — *gingen* — *kwam* — *waren* — *moest* — *was* — *was* — *wilde* — *gekeken* — *was* — *vond*

— liep — begon — sprongen — liepen — blaften — gelokt — snelde — zocht — ging — liet — wilden — legde — waren — merkten — hadden.

43.

Had — ontving — was — beging — zette — nam — ging — sliep — beproefde — verdedigde — uitgeslapen — ontwaakte — bemerkte — lag — schrikte — bemerkte — benam.

44.

Was — zag — gekomen — voorgesteld — bleef — trok — rondleidde — toeschreef — wilde — vroeg — kon — antwoordde — verricht.

45.

Ging — zeide — ligt — steek — antwoordde — bukt — antwoordde — nam — stak — verkocht — kocht — vervolgden — zag — stierf — kon — liet — stak — liet opraapte — duurde — opgegeten — wendde — zeide.

46.

Byron en zijn geneesheer.

Het volgende gesprek had, zooals Lord Byron ons zelf meedeelt, plaats tusschen hem en een buitengewoon ijdel Italiaansch geneesheer, terwijl zij langs den Rijn reisden. »Ik zou wel eens willen weten, wat gij kunt doen, dat ik niet kan?« zeide de geneesheer. »Daar gij mij dwingt«, antwoordde de dichter, »zal ik het u eens vertellen. Het zijn drie dingen. Ik heb den Hellespont overgezwommen. Ik heb op een afstand van twintig el een kaars met een pistool uitgeschoten; en ik heb een gedicht geschreven, dat op één dag in 14000 exemplaren werd verkocht, or waarvan op één dag 14000 exemplaren werden verkocht«.

47.

De lamme hond.

Op zekeren dag ging een man in de stad wandelen, or zich vertreden en zag een armen hond, die zijn poot had bezeerd en lam was. De man nam den hond in zijne armen mee naar huis en verbond zijn poot en hield hem twee dagen bij zich in huis. Daarop zond hij den hond zijn huis uit om zijn eigen huis op te zoeken; want daar het zijn eigen hond niet was, had hij geen recht hem te houden; maar iederen dag

*kwam de hond tot dien goeden man terug om zijn poot te laten
verbinden; en dat bleef hij doen, tot zijn poot geheel hersteld
was. Na weinige weken kwam de hond weer terug, maar nu
met een anderen lammen hond.*

*De hond, die lam geweest en nu beter was, keek eerst
den man aan alsof hij zeggen wilde:* »*Gij hebt mijn poot in
orde gebracht, doe nu, asjeblieft, hetzelfde voor dezen armen
hond, dien ik hier bij mij heb*«.

49.

*Wij komen morgen. Gij zijt altijd welkom. Kom als
het u belieft (asjeblieft) beneden. Waar is onze hond? Hij
is buiten; ik kan hem nergens vinden. Deze brief is fraai
geschreven. Ik ga nooit uit. Het paard loopt langzaam. Ik
was niet te huis. Hebt gij overal gezocht? Doe alsof gij
thuis waart. Kendet gij hem vroeger? Ja, ik heb hem lang
gekend. Mijn broeder zal aanstonds hier zijn. Hij was dikwijls in Nederland. Zij zijn spoediger (eerder) aangekomen
dan ik. Mijne zuster is van daag (heden) beter dan gisteren.
Ga heen, onmiddellijk!* (Scheer je weg or *Maak dat je weg
komt!) Het zal mijn oom altijd veel genoegen doen u te zien.
Kondt gij niet vroeger komen? Neen, de trein was te laat.
Een volgenden keer zal ik hier op tijd zijn. Hebt gij in kort
onzen vriend gezien? Ja, ik zag hem onlangs. Ik hoop hem
spoedig weder te zien. Ik zie hem nu en dan. Hoe eerder
gij komt, des te beter voor de kinderen. Hoe langer gij bij
ons blijft, des te beter voor onze zaken. Van dag tot dag
wordt hij minder. Hoe langer hier, des te later ginds. Loop
zachtjes in de slaapkamer. Spreek zachtjes, iedereen kan ons
hooren. Klop zachtjes aan de deur, want hij slaapt los. Ik
ga ieder jaar naar Duitschland. Hij bezoekt ons dagelijks.
Hij teekent zijne dagelijksche uitgaven aan.*

50.

*Gaat gij al naar boven? Mijn broeder komt naar beneden.
In den winter komt de zon laat op en gaat vroeg onder. Mijn
brief is beter geschreven dan de uwe. Waar is mijn stok?
Ik kan hem nergens vinden. Gij zult hem daar ginds vinden
in den hoek. Hij komt overmorgen. Ik speel gaarne. Houdt
gij meer van dansen? Ik houd het meest van ·wandelen.
Wanneer zijt gij van plan te komen? Van daag of morgen.
Hij is ten minste driemaal hier geweest. Dit huis is inderdaad fraai. Hij zal volstrekt niet slagen. Hoeveel vraagt*

gij daarvoor? Het zal u ten hoogste op vijftig gulden komen te staan. Het volgende dorp is omstreeks tien mijlen ver. Het is niet anders. Hebt gij iets anders noodig? Neen, Mijnheer, ik dank u, voor het oogenblik heb ik niets anders noodig. Eerst dacht ik dat ik hem kende. Ik denk niet, dat hij het gaarne zal doen. Wellicht deedt gij beter zijn voorstel niet te verwerpen. Hij schrijft minder nauwkeurig dan zijn neef. Het is al vergeefs met zulk een gek te spreken. Wij waren nauwelijks de deur uit, of het begon te regenen. Hij vertelde mij terloops, dat hij zijn beurs verloren had. Hij verklaarde ronduit, dat hij daarvan niets afwist.

51.

Hij legde zijn vinger op haar mond. De koning reisde door de Nederlanden naar Hanover. Hij wenschte een ei voor zijn ontbijt. Hij plaatste alles op ééne rekening. De krekel wendde zich tot de mier. Wat hebt gij gedurende den zomer gedaan? De gierigaard vond een steen in plaats van zijn schat. Zij twistten met een jongen edelman. Ga met mij het huis uit. De hond zwom over de rivier. Hij zag den anderen hond zonder het vleesch. Dit boek is voor uw broeder. Zwem niet tegen den stroom in. Wie heeft mijn beurs uit mijn zak genomen? Ik zou gaarne naar Frankrijk gaan. Hij zal binnen de volgende week vertrekken. Neem uwe parapluie in plaats van uw stok. Ik ging naar Duitschland om (wegens) mijne gezondheid. De planten-tuin ligt buiten de stad. Wij verkregen het verlof door den invloed van een generaal. Hij doet eene wandeling (gaat wandelen) niettegenstaande het slechte weder. Hij is nog altijd rijk in weerwil van zijn groot verlies. Wie klopt er aan de deur? Zet den bloempot vóór mijn venster. Aan wien schreeft gij eenen brief? Wie legde dit boek op mijn tafel? De jongens stonden aan de deur van de school en keken naar de vogels. Deze oude man is boven (over) de tachtig jaar oud. Naar het bevel des keizers moesten de troepen oprukken. Er is een voetpad langs de rivier.

52.

Brief.

Amsterdam, den 1sten Juli 1892.

Mijn lieve jongen,

Het verheugt mij zeer, dat uw nieuwe school zoo in uw smaak valt, want ik moet bekennen dat ik niet dan na lang

*aarzelen uw wensch heb ingewilligd om de andere school te
verlaten. Ik hoop dat gij mijne goedheid zult beloonen door
voortdurende oplettendheid bij uwe studiën en door een goed
gedrag.* Onthoud, *dat het noodzakelijk is zich aan beperking
(regels) te onderwerpen en dat wij allen, jongen en ouden,
genoodzaakt zijn ons te schikken naar vele dingen, die alles
behalve aangenaam zijn.*

*Het doet mij groot genoegen te hooren dat gij in de talen
goed vooruitgaat en ik hoop weldra uw bericht bevestigd te zien
door Dr. Z. Wat de vermeerdering van uw zakgeld betreft,
voor het oogenblik moet ik weigeren aan uwen wensch toe te
geven. Toen ik met Dr. Z. bepaalde hoeveel zakgeld gij zoudt
hebben, deelde hij mij mee, dat eenige oudere jongens meer,
maar dat verscheidene minder hadden en dit laatste vondt
(oordeeldet) gij niet passend te vermelden. Nu is het naar
mijn overtuiging even slecht te trachten iemand te misleiden
door hem een deel van de waarheid te verbergen. Ik vertrouw
echter, dat het niet in ernst uwe bedoeling was mij in deze
zaak te misleiden. Bovendien is het volstrekt niet noodzakelijk,
dat gij precies als de anderen zoudt doen. Gij zult uw eigen
kost moeten verdienen, en een goede opvoeding is het eenige,
dat ik u geven kan; daarom is het noodzakelijk, dat gij reeds
vroeg (in uw leven) de waarde van het geld leert kennen.*

*Maar ik wil u, mijn beste jongen, niet vervelen met een
lange preek en daar ik u gaarne alle billijk genoegen gun,
moogt gij reeds dadelijk van mij de hengelroede hebben en zal
uw zakgeld, wanneer uw rapport omtrent ijver en goed gedrag
zoo goed blijft, met den 1sten Januari verhoogd worden. Uw
mama, zuster en Kareltje groeten u hartelijk.*

Uw liefhebbende vader,
N. N.

53.

*Ga dadelijk naar huis, of gij zult nat worden; want het
zal aanstonds gaan regenen. Het riet buigt, maar breekt niet.
Gij moet met uw kinderen spreken, want zij zijn zeer on-
deugend. Wij hebben reeds lang geleden geschreven, maar wij
hebben geen antwoord ontvangen. Hebt gij uw vriend heden
gezien? Ja, maar ik kon hem niet spreken. Hij wou naar
Amerika gaan, maar zijn vader wil hem niet laten gaan. Vele
soldaten zijn ongesteld, zoodat zij de vesting niet kunnen verlaten. Iemand heeft het gedaan, gij of uw broeder. Deze
schilderij mag zeer schoon zijn, toch behaagt zij mij niet. Ik*

ken hem noch zijne vrouw. Ik verwachtte niet u hier te zien, des te grooter is mijn genoegen u te ontmoeten. Niet alleen de koning werd verwacht, maar ook de koningin en de prinses. Toen ik hier aankwam, was het volslagen donker. Daar hij niet werkt, zal ik hem niets geven. Ik verzoek u te wachten tot ik dezen brief geschreven heb. Sinds ik mijne ouders verloren heb, ben ik gansch alleen. Nadat ik had ontbeten deed ik een wandeling, hoewel het een weinig regende. Zoodra de koningin aankomt, waarschuw ons dan asjeblieft.

54.

Ik weet niet of hij rijk of arm is. Vraag hem of hij zijn paard wil verkoopen! Waarom hebt gij zoolang geslapen? Ik sliep zoo lang, omdat ik zoo vermoeid was. Ik ga met u mee, onder één voorwaarde, dat ge voortaan wat meer op tijd zijt. Indien gij arm zijt, tracht dan niet voor rijk door te gaan! De meester wil hem geen vergiffenis schenken, zoolang hij zich niet verbetert. Ik weet niet hoe hij dat zal krijgen. Het is net alsof ik u ergens gezien heb. In geval gij mijn hulp noodig hebt, roep mij dan! Lees het tweemaal, anders vergeet gij het. De koopman zal veel of weinig verkoopen al naar gelang de prijs hoog of laag is. Wij gaan niet tenzij zij ons vragen (uitnoodigen). Romulus verdween, zonder dat iemand wist, hoe hij was omgekomen. Al hadt gij ook de beste boeken, als gij niet hard studeert, zult gij nooit de Hollandsche taal leeren. Vraag hem, wanneer hij zal komen! Ik weet niet waarom hij mij nog niet geschreven heeft. Helaas, wat is hij arm! Hoera, lang leve de koningin! O wee, wat een vervaarlijk dier ligt daar! Holla! kom en haal ons. Vaarwel, mijn waarde vriend, ik wensch u veel genoegen en hoop u spoedig weder te zien. Pst, stil daar!

55.

Mijn waarde Willem,

Ik schrijf u om u mee te deelen, dat wij morgen in plaats van te 2, te 3 uur vertrekken (afrijden), zooals wij ons eerst voorgesteld hadden (zooals eerst bepaald was). Robert zegt, dat wij niet te vroeg zullen aankomen; want de afstand is groot en de weg zeer heuvelachtig. Gisteravond, omstreeks een uur nadat gij ons verlaten hadt, is hier bij het veer bijna een man verdronken. De duister begon juist te vallen en daar hij groote haast had, sprong hij uit de boot voordat deze de aanlegplaats bereikt had. Waarschijnlijk door de duisternis

*misleid, sprong hij niet ver genoeg, verloor zijn evenwicht en
viel ruggelings in het water. De uiterste pogingen werden
in het werk gesteld om hem te redden, maar door den sterken
stroom aan den kant was hij spoedig uit het gezicht. Juist
toen hij weer boven kwam, greep hem een man, die in zijn
eentje aan het visschen was en zijne netten had uitgeworpen,
met een lange lijn. Het was een jammerlijke illustratie (ver-
duidelijking) van het spreekwoord: »Haastige spoed gaat zelden
goed«. Dat het ons allen ter waarschuwing strekke, als wij
bij geval met dezelfde boot de rivier moeten oversteken en deze
naar alle waarschijnlijkheid niet terug zal keeren, voordat het
heelemaal donker is. Met de beste wenschen voor al de uwen,
geloof mij,*

geheel den uwen

N. N.

Second Part. Tweede Deel.

56.

Armoede is het loon der luiheid. De graaf van Leicester was een der gunstelingen van koningin Elisabeth. Maria Antoinette, de aartshertogin van Oostenrijk, was eene dochter van keizer Frans I. Het leven is een droom. De hertog van Wellington wordt dikwijls de held van honderd veldslagen genoemd. De winter is dit jaar zeer streng geweest. De oude Britten aanbaden de zon en de maan. De slaap is een geschenk van de natuur. De molen van Potsdam, zeide koning Frederik Willem IV, is een stuk (behoort tot de) Pruisische geschiedenis. Het Eriemeer ligt meer dan driehonderd voet hooger dan dat van Ontario. Ik heb geen gelegenheid u de romans te zenden, waarover wij gesproken hebben. Het is jammer, dat gij uw broeder niet meegebracht hebt. Ik zit nu in verlegenheid, want wij kennen den weg niet zoo goed als hij. De Foe, de welbekende schrijver van Robinson Crusoe, diende zijn vaderland gedurende eenige jaren als gewoon soldaat. Na het souper zal ik u komen halen om, als gij lust hebt, een wandeling te maken. Het is schande, dat er zoovele eeuwen moesten voorbijgaan, eer de slavernij werd afgeschaft en de verfoeielijke handel in menschen eindigde. Geen vorst was ooit in zulk een hopeloozen toestand als Willem de Zwijger, toen zijn eerste plannen en die van zijne broeders waren mislukt. Mijn oom bracht een deel van zijn leven in de Hollandsche kolonies door. Zijn broeder was eerst slager, maar nu is hij koopman. Na dapper weerstand geboden te hebben, werden zij allen tot den laatsten man toe gedood. Deze jonge man ging op goed geluk naar Amerika, hij kwam als een wijzer en gelukkiger man terug. »Heeft ooit een dichter zooveel vertrouwen genoten?« riep Johnson uit, toen het bij Goldsmiths dood bleek, dat zijne schulden honderden ponden Sterlings bedroegen.

57.

De muziek wordt de taal der natuur genoemd. Met ingenomenheid beloofde hij, dat hij er zich aangelegen zou laten liggen zijn vriend een goede betrekking als onderwijzer te bezorgen. Menig dichter heeft den lof van de lente bezongen.

Beiden, de koning en de minister, bezochten de hoofdstad van België. Hoe kundig een man hij ook zij, hij was in verlegenheid, toen men hem verzocht dezen brief te vertalen. Een verschrikkelijk spoorweg-ongeluk had er bij Parijs plaats, slechts enkele passagiers ontkwamen zonder letsel. Wat een prijs vraagt gij mij voor zulk een onbeduidend ding, het is geen halven gulden waard. Wij hadden nog duizenden dingen te doen, voor wij de stad konden verlaten. Het is dikwijls gezegd, dat de geheele wereld een schouwtooneel is. Bijna al de huizen van die stad werden door het vuur vernield, alleen de groote gebouwen als de kerk, het stadhuis en het museum bleven behouden. Beide gevangenen werden naar Siberië gezonden, zij namen voor goed afscheid van hunne verwanten, daar zij vreesden hen nimmer weder te zien. Eenmaal per jaar bezoek ik een heuvelachtig oord, het beklimmen van heuvels is vermoeiend, maar geeft eetlust. Houd hem niet voor den gek (neem hem niet in het ootje), hij weet meer van die zaak af dan gij. Hij doorkruiste het gansche land, van Noord naar Zuid, maar legde nooit meer af dan zes mijlen per dag. Ik zal u de dubbele som betalen, als ge dadelijk gaat. Daar zijn weinig groote figuren in de geschiedenis, die meer blootgesteld zijn geweest aan den laster van vijanden en de vleierij van vrienden dan koningin Elisabeth.

58.

X., 10 Januari 1892.

Waarde Vriend.

Het verheugt mij zeer, dat gij eindelijk van plan zijt ons te bezoeken, kom nu maar zoo spoedig mogelijk. Deze week zal er een groot feest gegeven worden ter eere van admiraal R., die van Atjeh terug is gekomen. Als gij vroeg genoeg komt, kunt gij nog met ons eten (dineeren) en dan hebben wij na de thee nog tijd te. over om de versierde straten en gebouwen te zien. Ik hoop in alle geval dat Woensdag u zal schikken, daar op dien dag een groot concert zal gegeven worden in de groote zaal in de buurt van het Emma-park. Ik ben in de gelegenheid goede plaatsen te krijgen voor al de feestelijkheden (feesten), die gegeven zullen worden.

Wegens de gezondheid mijner vrouw, die al maar door aan de koorts sukkelt, kan ik slechts u uitnoodigen, den volgenden keer hoop ik in de glegeenheid te zijn u met uwe vrienden te zamen uit te noodigen.

Als gij komt, vergeet dan niet de boeken mee te brengen, waarover gij in uw laatsten brief schreeft, vooral de romans van Van Lennep. Ik heb een voorliefde voor deze werken en zou ze graag nog eens lezen. Het is jammer, dat zulke goede boeken niet meer gelezen worden, ieder moest ze kennen. Hebt ge nog eenige nieuwe romans voor mij?

In de hoop u weldra te zien en met vele groeten (complimenten) aan u en uwe vrienden,

geheel de uwe
N. N.

59.

Ik zal u de beste Hollandsche romans zenden, die ik heb, enkelen er van zijn in het Engelsch vertaald. De kinderen van mijn vriend kwamen van buiten terug met allerlei aardige dingen. Ik heb met veel genoegen de schetsen van den wijsgeer Bacon gelezen. Het beste portret van Rembrand is dat wat door den kunstenaar zelf geschilderd is. Wij lieten alles aan de zorg van den knecht over. Alhoewel hij heel Europa doorreisde, kende hij geen woord Fransch of Duitsch. Toen wij in de stad Amsterdam waren, ontmoetten wij dagelijks de ouders onzer beide vrienden. Hoewel zij wisten dat wij hunne handelingen nagegaan hadden, trachtten zij de zaak voor ons te verbergen. Dit mooie boek werd mij tot een gedachtenis gegeven. De maatregelen door de Hollandsche troepen genomen om den vijand te verhinderen de rivier over te steken, mislukten geheel. Het komt mij voor dat de raad door den minister aan den koning gegeven, niet de rechte was. Hij wist zeer goed, dat rooken op zulke plaatsen verboden is. Het kwam door den mist, dat alle stoombooten te laat aankwamen. Dit is een zeer moeielijke quaestie, indien gij mij gevraagd hadt, zou ik u ook geen antwoord hebben kunnen geven. Karel, de zoon van Karel den Eersten, vluchtte om zijn leven te redden en ontkwam met de grootste moeite aan het treurig lot zijns vaders. Koning Richard II reed stoutmoedig de opstandelingen (rebellen) te gemoet.

60.

Samenspraak.

Wij zullen van avond buiten thee drinken. Kom, haast u wat, haal uw hoed en pak uwe zaken bij elkaar. — Het is heel prettig. Maar hier is geen tafel. Wat moeten we doen? (Hoe ons te redden?) — O, hier is een breede ronde tronk

2*

(van een boom), die kan uitstekend voor tafel dienen. — Maar daar zijn evenmin stoelen! — *Hier is een zeet van graszoden, en een bank als onder (met) viooltjes verborgen (bedekt); wij zullen hier gaan zitten en gij en Willem moogt op het tapijt gaan liggen. — Ik zie hier geen tapijt. — Wel heb je ooit! Weet gij niet dat in onzen pleizier-tuin het gras ons tapijt is. — Heerlijk groen zacht tapijt! en wat is het groot, zie hoe ver het zich uitbreidt, over alle velden, zoover als mijn oogen reiken. — Het wordt zoetjes aan laat, de lucht is vrij koel, wij deden beter nu naar huis te gaan. — Gij hebt gelijk, de zon staat reeds laag aan den hemel, zij gaat bijna onder.*

61.
Vertelling van een hond.

Een groote hond was op zee in een schip; een storm kwam opzetten en hoewel het schip niet ver van het land verwijderd was, was de zee zoo ruw en waren de golven zoo hoog, dat geen boot behouden de kust kon bereiken of veilig van de kust naar het schip kon gezonden worden; men kwam op de gedachte, dat indien men slechts een lijn van het schip naar de kust kon brengen, men door middel van (langs) de lijn veilig een boot door de groote golven naar land zou kunnen geleiden. Men gaf den hond eene lijn; de hond nam haar in zijn bek, zwom van het schip door de ruwe golven naar het strand, gaf de lijn aan eenige lieden die zich op de kust bevonden, om zoo veel zij konden, de bemanning van het schip te hulp te komen; en zoo werd de boot veilig naar land getrokken met de bemanning er in, die zonder dezen kloeken hond reddeloos verloren zou zijn geweest.

62.
Burke heeft eene proeve geschreven over het verhevene en het schoone. De Zwitsers zijn in den regel rijzig, welgevormd, degelijk en werkzaam. De blinden zeggen, dat zwart ruw voelt en wit zacht. Daar zijn menschen, die schijnen te gelooven, dat zij niet slecht zijn, omdat er gevonden worden, die nog slechter zijn dan zij. De oudste letterkunde in eenige van de oorspronkelijke talen der Britsche eilanden, waarvan nog ettelijke overblijfselen tot ons zijn overgekomen, schijnt de Iersche te zijn. Als wij de volksoverlevering en de oudste nog bestaande kronieken gelooven mogen, dan bezaten de Ieren een onafgebroken reeks van barden van hunne eerste nederzetting af in hun land; en de namen van enkelen hunner, die naar men zegt reeds in de eerste eeuw van onze jaartelling gebloeid hebben, leven nog

steeds in de herinnering voort. De oudste der nog bestaande voortbrengselen van de dichtkunst der barden dagteekenen echter uit de vijfde eeuw. Worden de vloeistoffen, wanneer zij verhit zijn, lichter of zwaarder? Zij worden na verhitting specifiek lichter, omdat vloeistoffen zich uitzetten en meer plaats innemen, hoewel zij geen grooter gewicht hebben. St. Domingo bestond vroeger uit twee kolonies, een Fransche die het westelijke gedeelte van het eiland besloeg, en een Spaansche, gelegen in het oostelijke gedeelte van het eiland. Het klimaat van het eiland is niet gezond; vele Franschen, Engelschen en Hollanders hebben er het leven gelaten.

63.

Hebt gij Wagenaars Historie van ons vaderland gelezen? Neen, Mijnheer, ik heb een beknopter boek (daarover) gelezen. Op de kermis heb ik eenige Sheffieldsche messen en wat Delftsch aardewerk gekocht. De eerste kolonie, door de blanken in dat deel van Noord-Amerika gesticht, dat tegenwoordig de Vereenigde Staten wordt genoemd, was Virginia in 1607; de volgende te New-York door de Hollanders in 1613; de volgende door de Puriteinen te Plymouth in Massachusetts in 1620. In andere deelen van het land werden kort daarna kolonies gesticht, inzonderheid door uitgewekenen uit Engeland; terwijl ook door Zweden, Duitschers en Franschen kolonies werden in het leven geroepen. Het gansche land langs de geheele Atlantische kust werd op die wijze bevolkt. Langzamerhand drongen de kolonisten meer en meer in de wildernis door, totdat kleine en groote steden alom in het binnenland verrezen. Goeden morgen, Mijnheer B. Is uw vriend nog niet van New-York terug? Neen, Mijnheer, verscheidene weken geleden schreef hij mij, dat hij van plan was enkele schoone gedeelten (landstreken) van de Vereenigde Staten te bezoeken, alvorens Amerika te verlaten. Toen hij het laatst schreef, was hij te Washington, van waar hij van plan was naar Carlisle te gaan, eene schoone stad met veel natuurschoon, eenigszins in den trant van Heidelberg, de welbekende oude stad aan (de rivier) de Neckar. Van de oude ruine is nog maar een muur van drie voet dik (een drie voet dikke muur) overgebleven. In lang vervlogen tijden leefden hier op dezelfde plaats, waar ge nu deze steenen kunt zien, rijke en vermogende menschen. Het was hun niet alleen onaangenaam, maar ook zeer nadeelig, dat hun broeder in Italië bankroet ging. Waarom bezoekt gij uwe vrienden in A. niet? Gij weet, dat gij hun altijd welkom zijt.

64.

De winter in Rusland.

De strengste koude, die wij hebben, is zacht, vergeleken met die, welke de inwoners van de Russische hoofdstad iederen winter te verduren hebben. Het koude jaargetijde duurt langer dan zeven maanden; gedurende het grootste gedeelte van dien tijd is alles met ijs en sneeuw bedekt. De breede, klare rivier de Newa, zoo schoon in den zomer, bedekt met de schepen (vloten) van alle natiën, en als bezaaid met zwierige pleizierbooten, is dan een ijsvlakte en wordt de meest gezochte rijbaan voor de groote wereld, het drukst bezochte gedeelte van de geheele stad. Meestal is de hemel gedurende het strenge jaargetij onbewolkt. In het midden van den winter schijnt de zon slechts een korten tijd op de gouden koepels der kerken en doet de bovenste verdiepingen der huizen in gouden glans schitteren. Alle paarden zijn grauw; want men kan hun kleur niet zien vanwege de rijp, die hen als een dik kleed bedekt, en iedere koetsier ziet er uit als een eerwaardig oud man met zijn berijpten baard, waaraan dikwijls ijskegels hangen.

65.

Ik kan dezen brief niet lezen, kom, probeer eens of gij het kunt. Staat gij mij toe hem te lezen? Zeker, ge moogt (je mag); het is een brief van onzen vriend Willem. Ik ben het niet, die u zulke leelijke dingen verteld heb. Gelooft gij alles wat hij ons verteld heeft? Neen, Mijnheer, dat doe ik niet. Ik stem u toe, hij had ons veel vroeger moeten bezoeken, maar gij weet zeer goed, dat hij het zeer druk heeft. Kent gij dien rijzigen (langen) man? Ja, Mijnheer, het is een van onze grootste acteurs. Waarom treedt hij niet meer in onzen schouwburg op? Dat weet ik niet, er schijnt geen reden voor te zijn. Het waren de veelvuldige (vele) regens, die laatstleden (den laatsten) zomer alles bedierven. Waar is uw pen? Hier is zij. Is het geen goede? Neen, het is een zeer slechte. Is het de uwe? Neen, het is niet de mijne, mijne pennen zijn veel beter. Wij waren ten uwent, toen de brand op de markt uitbrak. Zij schaterden van het lachen, toen zij al die onzinnige verhalen (dien onzin) over de hunnen hoorden. Gij hebt ons reeds tweemaal beloofd ons op onze villa te komen bezoeken. Ik hoop, dat gij het nu zult doen. De oude man schudde het hoofd, toen hij deze gevaarlijke theorieën hoorde. Een huis en tuin van hen werden de vorige week verkocht.

Hoevele Nederlandsche spraakkunsten (grammatica's) hebt gij nu? Ik heb er maar een, dat is genoeg, denk ik. Ik ben het heelemaal (geheel) met u eens, vooral (inzonderheid) als het een goede is. Een vriend van mij zal u het boek laten zien, dat wij met veel succes (goeden uitslag or *goed gevolg) gebruikt hebben.*

66.

De weg was zoo, dat hij ternauwernood in den schemer te onderscheiden was. Zelfs als ik het zeer druk heb, kan ik altijd nog wel eenigen tijd vinden om een wandeling te doen. Neem uw tooneel-kijker mee, want gij zit daar vrij ver van het tooneel. Bijna nooit (Zeldzaam) waagde hij het onverzeld uit te gaan. Hij leefde lang genoeg om het grootste deel van zijn geboorteland in handen van den vijand te zien vallen. Ik heb u iets uit Amsterdam meegebracht, dat u zeker zeer welkom zal zijn. Er werd een gerucht uitgestrooid, dat het ongeluk aan boos opzet moest worden toegeschreven. Hij hield er niet van iemand alleen naar zijn uiterlijk (voorkomen) te beoordeelen. Hij drong er op aan, dat de zaak grondig zou onderzocht worden. Naar zij zeiden, had hij een grooten flater begaan. Als hij op dat oogenblik zijn toekomstig ik had kunnen zien, zou hij, ik ben er zeker van, met afschuw van dat terugstootend beeld teruggedeinsd zijn. Uw belang zoowel als het mijne zou ernstig benadeeld zijn door een gedwongen verkoop van de voorhanden goederen. Waar niets is, verliest de keizer zijn recht. Er werd bepaald, dat ieder lid zich verbinden moest bij den penningmeester binnen den termijn (tijd) van drie maanden een som van vijftig P. S. te storten. Er zijn tal van dingen, die het dwaasheid zou zijn te willen begrijpen. Dit werk hield hen, zooals gij u voor kunt stellen, verscheidene maanden bezig.

67.✓

Wie zijn deze heeren? Dat zijn mijne neven, zal ik u aan hen voorstellen? Ik geloof, dat zij reeds klaar zijn. Hij was iemand van wien wij allen wisten, dat hij zulk een belooning waard was or *verdiende. Hij werd evenmin opgeblazen door voorspoed, als te zeer ter neer gedrukt door tegenspoed, wat het kenmerk is eener groote ziel. Het is al geen goud, dat er blinkt. Niets is grootscher dan een uitgestrekte keten van hooge bergen, wier toppen, met eeuwigdurende sneeuw bedekt, tot de wolken reiken. Een groot stuk koraalrots, opgehaald*

*van den bodem der zee door een vischhoek, was merkwaardig
door de groote verscheidenheid en menigte van dieren, die er
op leefden. Dat zijn mijne oude vrienden, op wie ik bouwen
kan. Ik heb van onderscheidene gevallen gehoord, waarin de
betaling van deze belasting kortweg geweigerd werd. Daar zijn
in uwe onmiddellijke omgeving lieden (lui) genoeg, die gaarne
zich met dat werk zullen belasten; waarom zoudt gij dan naar
elders uitzien? Niets natuurlijker dan dat wij een gevoel van
eerbied en liefde blijven koesteren voor groote dichters, als
een Shakespeare en een Goethe, wier werken voor de menschheid
rijk in leering en genot zullen blijven tot in de verste toekomst,
en met wier geest wij dagelijks gemeenschap kunnen oefenen.
Hoe werd de partij van koning Karel den Eersten van
Engeland genoemd en hoe die van de aanhangers van het
Parlement? Zulke edele, belangelooze karakters (zielen) zijn
zeer zeldzaam, ten minste in de werkelijke wereld; vóór (achter)
het voetlicht op (de planken) het tooneel, dat de wereld voorstelt,
zijn zij een onmisbaar bestanddeel. (Ik meende dat dit reeds lang
geleden aan ieder van u overkomen was.' Neurenberg, door
Gustaaf Adolf zijn oogappel genoemd en door hem met zooveel
inspanning tegen het dreigende zwaard van Wallenstein ver-
dedigd, besloot een standbeeld voor zijn weldoener op te richten.*

68.

*Hebt gij kortelings (onlangs) onzen vriend N. ontmoet?
Neen, Mijnheer, ik heb hem in geen drie maanden gezien.
Men vertelt, dat hij deze plaats wil verlaten. Dat geloof
ik niet, ik denk veeleer, dat hij ziek is geweest. Ik ga naar
hem toe om hem te vragen of hij met ons mee wil naar België
om de Ardennen te gaan zien. Of geeft gij de voorkeur aan
een uitstapje naar de Semois-vallei? Beide gedeelten van
België zijn zeer schoon. Ik ken geen van beide. Laten wij
onzen vriend gaan bezoeken en hem vragen, waaraan hij
de voorkeur geeft. Hoe laat is het? Het is net half drie.
Doe mij het genoegen en ga gij alleen, ik heb het op het
oogenblik zeer druk. Gij zult (hoop ik) wel zoo vriendelijk
zijn, mij zoo spoedig mogelijk te vertellen alles wat gij met
onzen vriend hebt afgesproken. Hebt gij den een of anderen
reisgids voor België? Neen, ik heb er geen. Ik schreef
aan den boekverkooper te A., maar hij heeft mij nog niet
geantwoord. Men zegt, dat uw boekverkooper een luie vent
(een weinig voortvarend man) is, schrijf aan den heer B.,
onlangs zond hij mij de boeken, die ik besteld had, binnen*

drie dagen. Wilt gij, voor gij opstapt (mij verlaat), nog een glas bier? Neen, ik dank u, ik moet naar huis, misschien wacht men reeds op mij op het kantoor. Neem dan een andere sigaar. Met genoegen. Wat is het heet van daag! Ja, het is bijna een zomersche dag. Ik hoop, dat wij de volgende maand ook zulk mooi weer zullen hebben. Ik hoop het ook, maar men zegt, dat wij een natten zomer zullen krijgen. Goeden dag, waarde vriend, het is mijn tijd (ik moet nu gaan).

69.
Noord, Oost, West, Zuid.

Hoe laat is het, Hendrik? Het is twaalf uur. Het is middag. Ga dan mee naar den tuin. Nu, waar is de zon? Keer uw gelaat naar haar toe. Kijk naar de zon. Daar is het Zuiden. Altijd, wanneer het twaalf uur is en gij naar de zon ziet, is uw gelaat naar het Zuiden gekeerd. Wend u thans naar links. Zie recht voor u uit. Daar is het Oosten. Des morgens, wanneer het licht begint te worden, moet gij naar die zijde utzien en gij zult de zon zien opkomen. Zie altijd des morgens aan dien kant uit naar de zon; want zij komt op in het Oosten.

70.
De ketel en zijne vrienden.

Ik ben een ketel. Gij hebt mij dikwijls aan het werk gezien met water te koken voor uw ontbijt, uw middagmaal of uw thee. Weet gij waarvan ik gemaakt ben? Ik zal het u vertellen. Ik ben van ijzer gemaakt; daar ijzer een groote hitte kan verdragen. Hier is mijne vriendin de koffiekan. Weet gij waarvan zij gemaakt is? Neen. Dan zal ik het u zeggen. Mijn vriendin, de koffiekan, is van tin gemaakt. Zij zit (staat) soms naast mij op het fornuis. Dikwijl giet ik er water in, heet genoeg om haar te branden, als zij maar gevoel had.

Nu zult gij een heele familie van mijne vrienden zien. Zonder hen zou ik niet zoo nuttig zijn als ik ben.

Hier zijn ze. In het midden ziet gij den theepot, en daarom heen al de koppen en schotels, precies als een hen met hare kiekens. De koffiekan en de theepot zijn mijne twee grootste vrienden.

Ik heb niet zooveel met de koppen en schotels te maken als mijne beide vrienden. Maar ik heb ze dikwijls gezien, en ik weet waarvan zij gemaakt zijn.

Koppen en schotels worden van klei gemaakt en in een oven gebakken om ze hard te maken.

Ik moet u thans goeden middag wenschen, daar ik water moet koken voor de thee.

71. ✓
Vuurtorens.

Wat is een vuurtoren? — Een vuurtoren is een huis in den vorm van een groote zuil of toren. Op den top bevindt zich een kleine kamer, rondom van vensters voorzien, waarin elken nacht een licht brandt.

Wie houdt het licht brandende? — Er bevindt zich (woont) een man op den vuurtoren, wiens taak het is de lampen schoon en helder te houden. Meermalen leven zijn vrouw en gezin daar met hem en helpen hem bij zijn werk.

Soms is de zee zoo stormachtig, dat deze menschen in geen weken aan land kunnen gaan. En evenmin kan dan iemand van het land tot hen komen.

72. ✓

Het voornaamste voedsel (voeder) van het paard is haver en hooi. De oude Britten kleedden zich alleen met dieren-vellen. Ik kan het u niet kwalijk nemen dat gij gaat slapen (naar bed gaat), daar ik zelf doodelijk vermoeid (dood op) ben. Noch de keizer, noch zijn generaals waren overtuigd. Een der matrozen was verdwenen; hij had zich onder de menigte ge-mengd, zonder dat iemand het bemerkte. De gezondheid van Jakob den Tweeden van Engeland liet reeds ettelijke jaren te wenschen over: en eindelijk kreeg hij op Goeden Vrijdag van 1701 een stoot, waarvan hij niet meer bekwam. Terwijl hij de godsdienstoefening op dien dag in zijn kapel bijwoonde, zeeg hij ineen en bleef eenigen tijd bewusteloos. De koning scheen door een (verlammende) beroerte getroffen te zijn. Carnot werd eenige jaren geleden tot president der Fransche Republiek ver-kozen. Gisteren kwam mijn oom uit de Vereenigde Staten terug, heelemaal een oude man. Ik kan mij niet herinnern (Ik herinner mij niet) in welk jaar hij vertrok, en gij? Het spijt mij, maar ik herinner mij (ik weet) het ook niet. Gaat het hem goed (Is hij wel)? Dank u, hij genoot eene goede ge-zondheid zoolang wij hem niet gezien hebben. Wilt gij zoo goed zijn hem te vragen, wanneer ik hem een bezoek kan brengen? Gij kunt er op rekenen dat ik hem zoo spoedig mogelijk schrijven zal. Het zal van omstandigheden afhangen, waar en wanneer wij samenkomen. Op eens stonden de inlanders tegen de kolonisten op; een oorlog ontstond (brak uit) en breidde zich tot de naburige provincies uit. Terwijl de troepen zich naar Egypte inscheepten, nam de opperbevelhebber de noodige maatregelen om (over land) door Frankrijk en Italië het terrein van den oorlog te bereiken. Daar wij ons op een' harden winter moeten uitrusten, zal ik mij een dikke overjas laten maken. Voor ik mij in het vijandelijke gebied waagde moest ik mij eerst eenigen tijd in de behandeling van vuurwapens oefenen. Hij heeft zich met grooten ijver op een bijzonderen tak van bouwkunst toegelegd, waar hij erg veel van houdt, namelijk op het bouwen van luchtkasteelen. In dat geval heeft hij weinig kans van slagen.

73.

Het stadhuis van B. zal een fraai gebouw worden, men was nog aan het bouwen (er van) bezig, toen ik er drie weken geleden voorbijkwam. Daar Engeland een eiland is, is het gevrijwaard voor alle aanvallen van buiten. Het schip werd met koren bevracht, nadat de aangerichte schade was hersteld. Terwijl het werd geladen, vertrok de kapitein om zijne verwanten te bezoeken. Na zich met een aantal krijgers in de stad Compiègne geworpen te hebben, welke destijds door den hertog van Bourgondië belegerd werd, werd Jeanne d'Arc in 1430 gevangen genomen bij gelegenheid van een door haar tegen den vijand aangevoerden uitval, terwijl de commandant van de stad de poorten achter haar sloot. De hertog van Bedford was nauwelijks onderricht van haar gevangenneming, of hij kocht haar van den graaf Vendôme, die haar gevangen had genomen, en beval haar in de strengste afzondering te houden. Mijn vriend verliet dit land zes jaar geleden en heeft sinds in Pennsylvanië vertoefd. Hoelang was hij onder weg, toen hij ziek werd? Johan Huss werd te Constance in 1415 levend wegens ketterij verbrand. Deze vreemde geschiedenis werd hem meegedeeld (verteld), maar hij stelde er geen groot belang in. Er werd veel gepraat, toen wij de concert-zaal binnentraden. Voor het concert begon werd daar eene vergadering gehouden. Hebt gij iets gelezen van den Oostenrijkschen hertog, die verleden jaar zijn land verliet? Neen, Mijnheer, men weet niets van hem; men vermoedt dat hij met al de zijnen is omgekomen.

74.
Samenspraak.

Wel, beste vriend (jongen), het verheugt mij u te Parijs te ontmoeten. Hoelang zijt gij hier geweest? En gij zult u wel geamuseerd hebben, is het niet? — Inderdaad bijzonder. Parijs, de hoofdstad von Frankrijk, het middelpunt der wereld is prachtig. Ik ben nu zes maanden hier geweest, en ik moet u zeggen, geen enkelen dag te veel. De tijd valt niet lang aan iemand, die voor zijn plezier uit is. Die heele tijd is een onafgebroken reeks van amusementen en leerrijke voorvallen geweest. Zijt gij voor het eerst te Parijs? — Ja, en ik vertrouw, dat het wel niet mijn laatste bezoek zal zijn. Dit is slechts een vluchtig bezoek. Zijt gij heel alleen? — In het eerst, ja, maar later heb ik met deze en gene kennis gemaakt en niet lang geleden had ik het geluk een voormaligen studiegenoot te ontmoeten, die zich nu in hetzelfde hotel bevindt als ik. Hij is een echte studieman en doet niets liever dan wetenschappelijke bijeenkomsten bij te wonen en met geleerden om te gaan. Mijn eenigste doel is, mij zóóveel te amuseeren als doenlijk is in den korten tijd van een veertiendaagsch uitstapje.

75.

Indien gij iets goed gedaan wilt hebben, doe het dan zelf.
Indien gij iets goed mocht gedaan hebben, vraag dan niet wat de wereld er van zegt. De jongeling zeide, dat hij de volgende maand meerderjarig was, maar zijn vader vertelde hem, dat hij daarvan niet veel voordeel zou hebben en voegde er bij, dat hij alle maatregelen zou nemen om te zorgen, dat het goed in de familie bleef. Niet de waarheid maakt gelukkig, zegt Lessing, maar het streven naar de waarheid. Als God in zijn rechter hand de heele waarheid had en in zijn linker alleen den innerlijken aandrang om de waarheid te zoeken, op voorwaarde (onder beding), dat ik voor immer dwalen zou (dat ik haar nimmer zou vinden), en gaf mij de keus — ik zou ootmoedig naar de linker mij uitstrekken, zegende: »Vader, geef mij deze, de heele waarheid is slechts voor u alleen«. Alleen iemand vervuld van waarachtige liefde voor de waarheid kon zoo iets zeggen; slechts een man wiens ziel in waarheid worstelde om haar te vinden, kon zulk een denkbeeld uitspreken.
Dat is een fraaie toestand! zoolang te moeten wachten en niets te kunnen doen! Sigismund van Zweden verloor een kroon, die hij had kunnen behouden, als hij zijn katholieke

geloof had willen opgeven. De op den troon herstelde koning
(Karel de Tweede van Engeland) werd meer bemind door zijn
volk, dan ooit iemand zijner voorgangers (geweest was). De
wederwaardigheden, die zijn huis hadden getroffen, de noot-
lottige dood van zijn vader, zijn eigen langdurig lijden en zijne
romantische avonturen, hadden hem tot een voorwerp van
ieders belangstelling gemaakt. Men zegt, dat Numa Pompilius,
de tweede koning van Rome, zeer vredelievend was.

76.

Laat u niet bedriegen door den schijn. Ik heb het
bedoelde nummer van de Graphic laten komen, maar de plaat
(afbeelding) ontbrak. Na deze vermaning, zal hij wel ter dege
oppassen dit te doen. Gij behoeft niet zelf de brieven op de
post te doen. Wij moeten ons niet laten bedriegen door het
geloof, dat het verleden beter was dan het heden. Wij lieten ons
naar de overzij overzetten, om Amsterdam op een afstand (uit
de verte) in oogenschouw te nemen. Ik zal de advertentie in
de Daily News laten zetten. Hij liet een huis voor zijn zoon
bouwen. De oude Duitsche keizer was er de man niet naar,
zulk een gunstige gelegenheid zich te laten ontglippen. Willem
de Veroveraar was een zeer despotisch heerscher. Hij beroofde
zelfs de machtigsten zijner onderdanen van groote schatten gouds
en zilvers en dwong hen zich tegen zijn willekeur te verdedigen
door het bouwen van kasteelen. Hij liet ieder, die een hert
of een ever buit maakte, de oogen uitsteken, als ware hij de
vader der wilde dieren; en gelastte dorpen en kerken omver
te halen en de inwoners te verdrijven om nieuw boschland aan
te leggen voor jachtvelden en wildbanen. In zijn afwezigheid
liet hij zich door Normandiërs vertegenwoordigen; hoewel hun
woestheid en roofzucht hem vrijwel bekend waren. Het valt
niet te ontkennen, dat de Denen over het geheel zeer dapper
gevochten hebben. Hendrik de Achtste stond den grooten
Duitschen schilder Holbein toe zijn portret te schilderen.
Hendrik de Achtste liet zijn portret maken door den grooten
Duitschen schilder Holbein.

77.
Spreekwoorden.

Wie a zegt, moet ook b zeggen. Wie kaatst moet den
bal verwachten. Het is beter te bedelen dan te stelen. Dikwijls wordt de bedrieger zelf bedrogen. Men mag de beren-

huid niet verkoopen, eer de beer gevangen is. Wie een boer wil bedriegen, mag een boer medebrengen. De boog kan niet altijd gespannen zijn. Oude boomen willen niet verplant zijn. Wie 't breed heeft, laat het breed hangen. Niemand kan twee heeren dienen. Wie het doel wil, moet ook de middelen willen. De dooden moet men laten rusten. Hoe meer de duivel heeft, hoe meer hij wil hebben. Het ei wil wijzer wezen dan de hen. Eén gek kan meer vragen dan tien wijzen beantwoorden kunnen. Men moet geen gegeven paard in den bek zien. Wat gij heden doen kunt, stel dat niet uit tot morgen. Men moet den slapenden hond niet wakker maken! Als men eenen hond wil slaan kan men licht een stok vinden. Wie niet hooren wil moet voelen. Men moet het ijzer smeden, terwijl het heet is. De jeugd weet niet, de ouderdom kan niet. Het moet zich vroeg krommen, dat een goede haak wil worden. Uwe linkerhand moet niet weten wat uwe rechterhand geeft. Men moet praten en breien te gelijk or Men moet het eene doen en het andere niet nalaten. Daar kan de schoorsteen niet van rooken. Een vriend mag een vriend meebrengen. De waarheid wil niet altijd gezegd zijn. Willen is kunnen or Waar een wil is, is een weg. Men kan van den wind niet leven. Men moet met de wolven in het bosch huilen. Wie maaien wil moet zaaien. Zoekt en gij zult vinden. De druiven zijn zuur, zei de vos, maar hij kon er niet bij. Wat het zwaarste is moet het zwaarste wegen.

78.

Rotterdam, 12 April 1891.

Den Heeren M. en S., Frankfort a/d M.

Tot ons leedwezen hebben wij opgemerkt, dat het vroeger tusschen ons zoo levendige verkeer reeds sedert geruimen tijd heeft opgehouden, waarvoor wij in zooverre geene oorzaak weten te bedenken, als wij ons zelven niet bewust zijn, u op eenigerlei wijze reden tot ontevredenheid gegeven te hebben. Wij nemen dus de vrijheid, ons aanbevelend bij u in herinnering te brengen, terwijl wij u tevens onze nieuwste prijscourant toezenden, door welker inhoud gij u wellicht genoopt zult voelen, ons eene bestelling op te geven, van welker zorgvuldigste uitvoering gij u verzekerd kunt houden.

Vooral wenschen wij u opmerkzaam te maken op eene zeer schoone, fijn blauwe Java-koffie, waarvan wij een mon-

stertje hierbij voegen, en die wij u, ten gevolge van een voordeeligen inkoop, voor den bijzonder lagen prijs van M. 1,40 kunnen leveren.

Wij hopen, dat slechts deze kleine opwekking noodig geweest zal zijn, om de betrekking tusschen ons te doen herleven, en teekenen, in afwachting van uwe geëerde orders,

Met alle achting

B. en S.

79.

Niets is zoo slecht of het is ergens goed voor. Richard Cromwell, van wien geheel Europa geloofde, dat hij voor goed den regeeringszetel had ingenomen, verdween op eens van het (staats)tooneel. De omstandigheden waren niet *zóó* wanhopig, om dit **hevige** (uiterste) middel te rechtvaardigen. **Het is niet te verwachten, dat is waar, dat men iets weet zonder het te hebben geleerd, maar** aan den anderen kant moet men toch een soort van natuurlijken aanleg hebben voor elk vak van studie, wil men (daarin) eenige noemenswaardige vordering maken. Onwaardige vleiers, van wie Karel de Tweede wist, dat zij niet de minste genegenheid voor hem koesterden en zijn vertrouwen niet verdienden, konden hem door pluimstrijkerij gemakkelijk overhalen hun titels, posten, landgoederen te schenken, staatsgeheimen mee te deelen en kwijtschelding van straf te verleenen. Wie met den duivel wil eten moet een langen lepel hebben. Ik geloof, dat hij beter zou gedaan hebben met de zaak op te geven. Zijn besluit stond te vast, om door een lichten tegenstand geschokt te worden. Na menigvuldige proeven gelukte het den markies van Worcester een ruwe stoommachine te maken, door hem vuur-waterwerk geheeten, waarvan hij verzekerde dat het een werktuig was van een bewonderenswaardig en zeer krachtig voortstuwingsvermogen. Men hield echter den markies voor een waanzinnige, waardoor dan ook zijn uitvinding geen opgang maakte or niet gunstig ontvangen werd. De kruistochten openden een meer uitgebreid verkeer tusschen het Oosten en het Westen door groote menschenmassa's van iederen hoek van Europa naar Azië te leiden. Niet de begeerte om hun handel uit te breiden was voor de Romeinen de eerste spoorslag om hun gezag ter zee te vestigen, maar de noodzakelijkheid om zich tegen hunne meest gevreesde mededingers, de Carthagers, te verweren.

80.

Verscheidene maanden gingen voorbij, zonder dat wij zelfs maar gelegenheid hadden hem op straat te zien. Hoewel de eigenschap van den magneet om het ijzer aan te trekken aan de ouden bekend was, was toch zijn veel belangwekkender en . verrassender vermogen om zich naar de polen te richten, geheel aan hunne waarneming ontsnapt. Jozef de Tweede van Oostenrijk had het ernstige voornemen om een tal van misbruiken met wortel en tak uit te roeien, maar hij werd door zijne onderdanen niet begrepen. De vijand werd verhinderd de hoogten te bezetten. Julius Cesar voerde oorlog tegen Gallië en het gelukte hem het geheele land te veroveren. Na voor de verdediging van zijn rijk gezorgd te hebben, koos zich koning Alfred tot eenig levensdoel het met wijsheid te besturen. Daar dit punt eenigen tijd geleden grondig besproken is, is er geen reden om het andermaal tot een onderwerp van bespreking te maken. Willem van Normandië verklaarde, dat hij de kroon kwam opeischen als zijn recht, daar zij hem door Eduard den Belijder bij erflating vermaakt was. Eigenlijk gezegd hadden wij niet van die zijde deze oppositie verwacht. Ik herinner mij dit lied meermalen in mijn jeugd gehoord te hebben, maar kan mij alleen de twee eerste regels te binnen roepen. Een slechte zaak te verdedigen is even schandelijk als de zaak zelve. Nadat Sir Humphrey als apothekersleerling begonnen was, was hij op een leeftijd van twee en veertig jaar president der Royal Society (van het Koninklijk Genootschap) en de grootste der Engelsche scheikundigen. Wat ik ook zeide, de kunstenaar bleef door schilderen zonder mij met een enkel woord te verwaardigen. Toen ik het boek door iedereen hoorde prijzen, kon ik mij niet weerhouden het bij mijn boekverkooper te bestellen. De leefwijze der oude Germanen was zeer eenvoudig; hun voedsel bestond uit geroosterd koorn, wilde vruchten, beziën en wortels, en het vleesch van tamme of wilde dieren.

81. ✓

Bootje varen.

Jan begeeft zich naar den vijver om met zijn nieuwe boot te zeilen. Hij noemt haar »Blue Bell« (Blauwe Klok), om dat zij blauw geverfd is en een kleine blauwe vlag heeft. Kijk! de wind vult (bolt) reeds de zeilen. Zij zal spoedig aan den overkant van den vijver zijn.

Dan zal Jan haar ter zijde wenden om haar vervolgens weer rugwaarts te doen gaan om zoo van den eenen kant naar den anderen te zeilen.

Dit is een prettig spelletje voor een jongen, als hij maar oppast niet in het water te vallen en nat te worden.

Eens had Jan een ongeluk met dien vijver. Laat mij vertellen hoe dit gebeurde, opdat zijn vergissing u tot leering strekke.

Op zekeren vacantie-namiddag kwam zijn neef Fred (Frederik) hem een bezoek brengen. Dicht bij den vijver gingen zij spelen.

Jan zag een mooie witte lelie zoo vlak aan den kant van den vijver, dat hij er geen ooyenblik aan twijfelde of hij kon haar plukken. »Beproef het niet«, zei zijn neef Fred. »De vijver is zeer diep en je kunt er in vallen.«

Maar Jan wilde niet naar goeden raad luisteren. Zich vasthoudende aan een tak, strekte hij zijn hand uit om de bloem te grijpen.

De tak brak, en Jan ging kopje onder; maar het kwam hem ten goede, want het leerde hem voorzichtiger te zijn.

82.
Mijn eigen hoofd past mij het best.

Hendrik VIII besloot, na in geschil (onmin, twist) geraakt te zijn met Frans I, koning van Frankrijk, hem een ambassadeur te zenden met een hooghartige en dreigende boodschap. Voor dat doel koos hij den bisschop Bonner, in wien hij een groot vertrouwen stelde. De bisschop deed hem opmerken, dat zijn leven groot gevaar zou loopen als hij zulk een taal sprak tot zulk een hoog gevoelend (zoo'n hooghartig) koning als Frans I. »Vrees niet!« (Wees daar niet bang voor!) zeide Hendrik; »want als de koning van Frankrijk u ter dood liet brengen, zou ik alle Franschen, die ik hier in mijn macht heb, een kop kleiner maken.« »Dat wil ik aannemen«, antwoordde de bisschop, »maar van al deze hoofden zou geen een mij zoo goed passen als het mijne.«

83.
Gorinchem, 16 Januari 1891.
Den Heere Th. Olifant, Eindhoven.

Ik herinner mij nog met genoegen, de vriendelijke ontvangst, waarin ik mij als reiziger voor de firma Fallstaf & Comp.

te Rotterdam bij u heb mogen verheugen, en hoop dan ook dat het mij niet euvel door u geduid zal worden, nu ik, onder verwijzing naar mijne circulaire van 1 Januari, de vrijheid neem u zeer bijzonder te verzoeken mij uw vertrouwen te schenken. Zoo als gij uit mijne circulaire gezien hebt, heb ik mij in het vak, waarin ik u het laatst voor bovengenoemde firma bezocht heb, thans zelf gevestigd, en ik wend mij tot u met het vriendelijke verzoek, om ook mij nu en dan met eene bestelling te vereeren.

Ofschoon ik pas begin, is mijn voorraad toch reeds ruim gesorteerd, en uit bijgaande prijscourant zult gij zien, dat mijne noteeringen billijk en mijne voorwaarden aannemelijk zijn.

In koffie heb ik op eene onlangs in Rotterdam gehoudene veiling zeer goedkoop ingekocht, en ik ben gaarne bereid u monsters toe te zenden, opdat gij u van derzelver zuiverheid en prijswaardigheid overtuigen kunt.

Uwe orders met genoegen te gemoet ziende, groet ik u.

Met de meeste achting
Koenraad Koster.

84.

Daniel de Foe.

Daniel de Foe was een geboren Londenaar, de zoon van een slachter in St. Giles, met name James (Jakob) Foe; Daniel nam het eerst het voorvoegsel »de« aan. Hij werd in 1661 geboren en was bestemd om Presbyteriaansch geestelijke te worden; hij ging echter in den handel. Hij nam deel aan den opstand van den hertog van Monmouth, maar was zoo gelukkig om er zonder kleerscheuren af te komen. Hij werd achtereenvolgens kousenfabrikant, pannebakker en koopman in wol, maar zonder eenig succes (goed gevolg). Als schrijver deed hij in het jaar 1699 een gelukkigen greep. Zijn »Trueborn Englishman« (»Een Engelschman van den echten stempel«), een dichterlijke satire op de buitenlanders, en eene verdediging van Willem III en de Hollanders, had een onvergelijkelijk debiet. In het jaar 1719 verscheen zijn romantisch vertaal, »The adventures of Robinson Crusoe« (»De lotgevallen van Robinson Crusoe«), dat reeds in 1720 in het Duitsch en binnen weinige jaren daarna in verscheidene andere Europeesche talen werd overgezet. De buitengewone opgang van dit werk bracht hem er toe tal van andere verdichte verhalen te schrijven. Het veel bewogen leven van dezen hoogst merkwaardigen man eindigde in April van 1731.

85.

Hebt gij gisteren avond mijn vriend Willem bezocht? Hoe gaat het hem? Ik hoop, dat hij beter wordt. Ik schreef hem eenige dagen geleden een langen brief. Hoe lang was hij onder weg, voor hij ziek werd? Gisteren vergat ik u te vertellen waar en wanneer de eerste voorstelling zal plaats hebben. Een zijner schepen, ik weet niet meer welk, is met man en muis vergaan. Als de raad goed is, komt het er niet op aan, wie hem gegeven heeft. Hertogin Louise bewees haren gemaal Karel August (van Saksen-Weimar) eene ware en edele vriendschap; en hij was die vriendschap waard, op hoe zware proef zij zijn vreemd karakter, in menigerlei opzicht van het hare verschillend, gesteld moge hebben. Hoe omvangrijk het boek ook is (zij), toch zoekt men daarin tevergeefs naar menige belangwekkende bijzonderheid. Hij zal zich teleurgesteld voelen, tenzij hij zich tot het uiterste inspanne. Zij bekende, dat zij het nooit zou gedaan hebben, als haar moeder er niet op aangedrongen had (het te doen). Sinds wij te Heidelberg zijn, gaan wij elken dag uit, hoe koud het ook zij. Ook al kwam uw vriend nog op dit oogenblik, dan zou het toch te laat zijn, want de trein vertrekt half drie. Hij mag zeggen wat hij wil, ik geloof niet, dat hij vóór dien tijd terug zal zijn. Ik wenschte (Ik wou) dat hij gekomen was, voor de trein vertrok. Eer uwen vader en uwe moeder, opdat uwe dagen verlengd mogen worden en dat het u wel moge gaan in het land, dat de Heer uw God u geeft.

86.

De volgende week komen mijne broeders van Batavia terug. Misschien herinnert gij ze u nog wel, want ik weet zeker, dat zij u nog bezocht hebben voor zij het land verlieten. Zij hebben het land (Zij vinden het verdrietig), dat zij terug moeten komen, want dit klimaat past hun niets. Toch zullen zij zeer verheugd zijn hunne vrienden en oude bekenden weder te zien. — Zien zij niet op tegen zulk een lange reis? — Neen, Mijnheer, in het geheel niet, zij geven er niets om, ik onderstel, dat zij gedurende hun verblijf op Java veel gereisd hebben. — De overtocht zal hun zeer veel kosten, daar deze zes weken duurt. — Ik weet niet precies hoeveel zij er voor te betalen hebben. — Gaat gij met mij mee naar Rotterdam om hen bij hun aankomst te begroeten? — Ik weet nog niet of ik er tijd voor zal hebben. Wanneer verwacht gij hen? — Ik denk aanstaanden Woensdag, maar met zekerheid kan ik den dag van hun aankomst niet

*zeggen. Ik zal aan mijn vriend te Rotterdam schrijven. —
Dat zou verloren moeite zijn, want gij zult het spoedig genoeg
in de nieuwsbladen (couranten) zien. — Hebt gij ook aan onzen
vriend G. geschreven? — Neen, want ik ben er zeker van, dat
hij zich mijne broeders niet herinnert, hij zag hen maar eens
voor hun vertrek. — Ik dank u zeer voor uwe vriendelijke
uitnoodiging en het zou mij zeer leed doen (erg spijten) als
ik niet met u naar Rotterdam kon gaan. In dit geval verzoek
ik u hen ook van mijnentwege te verwelkomen en hen te ver-
zekeren, dat ik hen zoo spoedig mogelijk zal komen bezoeken.*

87.

Dordrecht, 3 Mei 1891.

P. P.

*Bij deze verwul ik den smartelijken plicht u te melden,
dat mijn dierbare echtgenoot*

Herman Willebrord

*den 1sten Mei door den dood uit zijn aardsche loopbaan is weg-
gerukt. Wie den overledene van nabij gekend of met hem in
betrekking gestaan heeft, zal mijn verlies weten te beseffen, en
aan hem een vriendelijk aandenken en aan mij eene stille deel-
neming niet ontzeggen.*

*Om voor mijnen nog minderjarigen zoon de zaak zijns
vaders te behouden, heb ik besloten, die onveranderd voort te
zetten. Daarbij zal ik gesteund worden door den heer P. de W.,
die gedurende veertien jaren de trouwe medewerker van mijnen
man is geweest, en aan wien ik procuratie gegeven heb.*

*In al mijne handelingen zal ik mij door de grondbeginselen
van mijnen man laten leiden, en hoop dus, dat gij aan de firma
H. Willebrord hetzelfde vertrouwen als tot hiertoe ook verder
zult blijven schenken.*

*Ik verzoek u van de onderstaande handteekeningen kennis
te willen nemen, en teeken met de meeste hoogachting*

Anna Willebrord, geb. Verveen,

*die zal teekenen: H. Willebrord,
de heer P. de W. zal teekenen: pr. pro. H. Willebrord*

P. de W.

88. v

*Aan de officieren van Frederik den Grooten van Pruisen
werd de eisch gesteld, dat zij, zoolang zij zich in het veld bevonden, matigheid en zelfverloochening in acht zouden nemen.
Van hoe hooge geboorte zij ook waren, welk een hoogen rang*

*zij ook in het leger bekleedden, het was hun verboden bij hun
maaltijd eenig tafelgereedschap te gebruiken van kostbaarder
metaal dan tin.* Het werd zelfs een graaf en veldmaarschalk
als een zwaar vergrijp toegerekend, als hij onder zijn bagage
een enkelen zilveren lepel had. Nog in de zeventiende eeuw
werd voor het smelten van erts alleen hout gebruikt en de roekelooze
verkwisting van hout wekte de bezorgdheid der regeering. Reeds ·
gedurende de regeering van koningin Elisabeth werden er luide
klachten vernomen, dat geheele bosschen werden geveld om de
smeltovens van de noodige brandstof te voorzien; en het Parlement was tusschenbeide, gekomen en had aan de fabrikanten -
verboden timmerhout als brandstof te gebruiken. Deze geschriften
zullen waarschijnlijk gelezen worden, zoolang als de Fransche
taal nog ergens ter wereld gesproken wordt. Gij moest liever
een vigilante nemen, als gij het kunt betalen; mocht uw beurs
dit niet toelaten, gij weet, gij kunt vrij over de mijne beschikken!
Ongetwijfeld zal het plan mislukken, als gij geen betere maatregelen neemt om het geheim te houden, gij schijnt wel te denken,
dat nimmer iemand op zulk een denkbeeld zal komen en de
heele wereld reeds eeuwen lang op ú gewacht heeft om het te
verwezenlijken. Als ik uw compagnon (vennoot) te Londen
mocht ontmoeten, zal ik hem zeker meedeelen, hoe zeer gij uw
beider wederzijdsche belangen behartigt. /

89. ✓

*Ik weet zeer goed, wat er al voor een huisgezin noodig
is, en ik zeg dat zij bij geen mogelijkheid in staat zijn om
overeenkomstig hun rang te leven, zonder in schulden te ver-
vallen.* Ik verzeker u, zij geraken in schuld. Weet gij, hoeveel
zij den melkboer schuldig zijn? Vijf en twintig gulden, en
veertig aan den slager. — Heb je ooit? Ik heb nooit geweten
dat die lui zooveel crediet gaven. — Wel, dat hangt er van
af: al betaalt gij nog zoo ongeregeld, als gij maar op een hoogen
voet leeft, denken ettelijke winkeliers, dat zij uwe clandisie tot
elken prijs moeten zien te behouden. Nu, laat dat zijn zooals
het is, ik was altijd van meening, en ik blijf er bij, dat het
een onzer eerste plichten is, de tering naar de nering te zetten,
en dat wij onzen stand alleen ophouden, als wij onze schuld-
eischers eerlijk betalen en iedereen met opgeheven hoofde (open
or zonder blozen) in de oogen kunnen zien. Overigens behoef
ik niet langer hierop (op dit chapiter) door te gaan, want ik
weet, dat gij het op dit punt geheel met mij eens zijt. In onzen
tijd is het ongetwijfeld moeielijk een ieder het zijne te geven,

maar dat neemt niet weg, dat wij toch onzen plicht moeten doen. Dat is ook uwe meening; is het niet?

90.

Willem van Oranje, koning van Engeland, was een man van groote verdraagzaamheid (literal: *betoonde een geest van verdraagzaamheid*) *te hooger te waardeeren naarmate zij in dien tijd zeldzamer gevonden werd. Sinds de letterkunde een beroep in Engeland werd, is zij nooit minder winstgevend geweest, dan ten tijde dat Samuel Johnson zich te Londen vestigde. Gedurende de daarop volgende dertig jaren was zijn leven een harde strijd tegen de armoede. Het schijnt eenigen tijd geduurd te hebben, voordat het hem gelukte eenige letterkundige connectie aan te knoopen, die hem uitzicht gaf op meer dan brood voor den dag, dien de goede God hem gaf (dien hij beleefde). David Garrick, de beroemde tooneelspeler, en Samuel Johnson bleven vrienden, totdat zij door den dood gescheiden werden. Het is onmogelijk geen levendig belang te stellen in een man, zoo kloek en edelmoedig als Essex; in een man, die zich tegenover zijn souvereine zoo kloekmoedig gedroeg, als geen ander harer onderdanen, en tegelijkertijd tegenover zijne ondergeschikten eene kieschheid (fijngevoeligheid) aan den dag legde als maar zelden bij een ander heer (beschermer) is aangetroffen geworden. Na zijn terugkeer uit Indië, werd Alexander, terwijl hij den beker ledigde aan een feestmaal te Babel, plotseling ziek en stierf. De Grieken hadden zoowel hunne liefde voor de vrijheid verloren, als hunne andere deugden, die vroeger het karakter van dit heldhaftige volk kenmerkten. Het Huis der Gemeenten dwong Karel vrede te sluiten met de Republiek der Vereenigde Nederlanden en noodzaakte hem bijna den oorlog aan Frankrijk te verklaren.*

91.

Philippus de koning van Macedonië, was even eerzuchtig als oorlogzuchtig. Nauwelijks had hij zijn leger Griekenland binnen laten rukken, of hij besloot zich van de heerschappij over het geheele land meester te maken. De man, die Philippus meer dan iemand anders dwarsboomde, was Demosthenes, een Athener. Hij was een van de grootste redenaars, die er ooit leefden, en hij hield zulke vurige redevoeringen tegen Philippus, dat de Atheners zich aangordden om hem gewapenderhand te weerstaan. Naar deze redevoeringen tegen den Macedoniër, zijn sinds dien tijd bijtende schimpredenen Philippica's genoemd. Tresham, een der medeplichtigen aan het buskruit-verraad, verklaarde er vast van overtuigd te zijn, dat zij allen verloren waren, tenzij zij zich door een onmiddellijke vlucht uit de voeten maakten. Maar deze verblinde lieden wilden niet vluchten, evenmin als Tresham zelf vluchtte of ergens een toevlucht zocht. De algemeene indruk, door deze vertaling op mij gemaakt, is zeer gunstig; wel zou ik op een aantal kleine fouten kunnen wijzen, maar die zouden gemakkelijk te verbeteren zijn, wanneer het werk te eeniger tijd de eer van een herdruk mocht waardig gekeurd worden. Men bleef groote vrees koesteren, dat de dijken niet bestand zouden blijken tegen de geweldige kracht der onstuimige elementen. Wie staat, zie toe, dat hij niet valle. Men moet het ijzer smeden als het heet is.

92.✓
Samenspraak.

Mijn waarde, ik ben opzettelijk gekomen, om de merkwaardigste gebouwen in deze stad te bezien. Wilt gij zoo goed zijn mijn gids te wezen? Ik onderstel dat gij juist de man zijt, dien ik daarvoor behoef. — Wel het zal mij een waar genoegen wezen u van dienst te zijn, oude jongen. Maar laat mij u van tevoren zeggen, dat er hier maar weinige zoogenaamde merkwaardigheden te zien zijn. — Vóór mijn vertrek, deelde men mij mede, dat inzonderheid het stadhuis en het tribunaal de moeite der bezichtiging waard waren. — Gij hebt gelijk. Ik zal er u dadelijk heen brengen. Zie hier! Dit is nu ons beroemde stadhuis. Beschouw eerst de voorzijde van het gebouw, van een bouwkundig en historisch oogpunt bezien is het zeer belangwekkend, het herinnert u aan de middeleeuwen. Kom nu mee om het inwendige te bezien. Gij zult verbaasd staan over de schilderijen en standbeelden. — Inderdaad, zij zijn schoon. Ik word het nimmer moede zulke meesterstukken te zien. Zij zijn mij een lust der oogen. — Ik ben het geheel met u eens, waarde vriend.

93.
De havik en de vogels.

Op zekeren dag dwaalde ik rond in de bosschen en om mij heen kijkende, zag ik een grooten havik in de lucht zweven.

De havik had twee kleine vogels gezien, die op den grond rond sprongen, en maakte zich gereed om op hen neer te schieten.

Na eenigen tijd, zag ik hem zijn vleugels uitbreiden, zijn kop naar beneden buigen, en daarop neerschieten door de lucht. Ach, de arme vogeltjes!

Maar zij hadden hem in het oog gekregen, voordat hij hen bereikte. Ziet gij hoe zij al schreeuwende wegvlieden naar de bosschen, om zich te verbergen?

Ik was blij dat de havik ze niet kreeg! Maar zij moeten (dunkt mij) een hevigen schrik op het lijf gekregen hebben, en ik durf wedden dat zij zich dien dag niet meer buiten gewaagd hebben. De havik is een roofvogel. Hij heeft een gekromden snavel en scherpe klauwen, waarmede hij vogels en in het veld muizen grijpt.

Wanneer hij op de jacht is, verheft hij zich in de lucht, rondspiedende of hij iets op den grond ziet bewegen.

Ziet hij een kleinen vogel of eene muis, dan zweeft hij boven de plaats, tot hij gereed is naar beneden te schieten en zich op zijn prooi te werpen. Kunt gij mij den naam van een anderen roofvogel noemen? Ja; de adelaar. Deze is de koning der vogels, gelijk de leeuw de koning is onder de dieren.

94.
De oude soldaat en de vioolspeler.

Een arme oude soldaat placht iederen avond op zijn viool te spelen in de openbare tuinen van een groote stad. Naast hem zat zijn trouwe hond, met den hoed van zijn meester in zijn bek om er de koperstukken der voorbijgangers in op te vangen.

Op zekeren avond was de arme man, die gebogen ging onder den last der jaren, diep bedroefd. Niemand was blijven stilstaan om naar zijne muziek te luisteren. Er bevond zich geen enkel muntstuk in zijn hoed. Hij zat neer op een steen en bedekte zijn gelaat met zijne handen.

Op hetzelfd oogenblik kwam een heer op hem toegeloopen, kreeg medelijden met den armen ouden man en zeide: »Laat mij eens een poosje op uw viool spelen«. Daarop stemde hij haar met groote zorg en vervolgde, »terwijl ik speel, moet gij het geld in ontvangst nemen«.

En hij speelde! Een menigte van gretig luisterende lieden verzamelde zich weldra om den speler. Niet alleen koper, maar ook zilver stroomde in den hoed van den ouden soldaat. Zelfs begon de hond te brommen, zoo zwaar als de hoed werd.

»Wie is dat?« werd door ieder gevraagd. Het was een van de meest beroemde vioolspelers der wereld, die aldus zijne kunst gebruikte om een armen ouden soldaat te helpen.

Zoodra dit bekend werd, juichte de menigte den vioolspeler toe. De oude man keek verwonderd op en riep Gods zegen af op (het hoofd van) zijn edelen vriend.

Ik zou niet durven zeggen wie dien avond de gelukkigste is geweest, — de oude soldaat, voor ettelijke dagen gevrijwaard tegen gebrek, — of de groote vioolspeler, die zich bewust was een goed werk gedaan te hebben.

95.✓

Den Heer P. W., Zaandam.

Kampen, 9 April 1891.

Bij mijne circulaire van 1 dezer heb ik u kennis gegeven van de oprichting van mijne sigarenfabriek, en neem bij dezen de vrijheid u nogmaals te verzoeken, mij in uwe welwillendheid te laten deelen.

Mijne fabriek is volgens de nieuwste methode ingericht en ik ben dus in staat, om alle bestellingen ten meeste genoegen uit te voeren. Voordeelige inkoopen in ruwe tabak en goedkoope werkkrachten maken het mij mogelijk, aan mijne klanten eene, met zorg bewerkte waar van de beste qualiteit te leveren voor zeer billijke prijzen, en het zou mij bijzonder aangenaam zijn, als gij mij door eene kleine bestelling als proefneming de gelegenheid wildet geven u daarvan te overtuigen.

Eene betrekking met uwe geachte firma zou ik zeer op prijs weten te schatten, en bij grootere orders zou ik u conditiën kunnen stellen, zooals u zeer zeker nog van geene andere zijde zijn angeboden.

In de aangename hoop, zeer spoedig met eene bestelling door u vereerd te zullen worden, heb ik de eer te teekenen

Met alle achting

B. L.

96. ✓

Wij plachten daar 's Zondags te zitten. Meer dan honderd jaren zijn sinds dien merkwaardigen dag voorbijgegaan. Sedert de laatste jaren is de handel aanmerkelijk toegenomen. Bij deze merkwaardige gelegenheid verkreeg hij het burgerrecht der City. Zij trouwden op staanden voet. Ik heb alle geduld met hem verloren. Zijn humeur was jammerlijk ontstemd. Een dronk aan onze vriendelijke gastvrouw; dat zij zich verheuge in een steeds aangroeiend vriendental en steeds minder hunne vriendschap behoeve! Gave de hemel, dit ware onze eenige reden van klagen. Spreek weinig, maar laat dat weinige ter zake dienen. Ik kan thans onmogelijk dieper op de zaak ingaan.

Menig menschenhart wordt zacht gestemd bij het opvlammend haardvuur van het gezellig kerstfeest. Als gij uwe lastgeving (instructie) kendet, waarom kwaamt gij haar dan niet na? Wat is er nu aan de hand? Ik vind, dat hij goed op de hoogte is van de spraakkunst. Engelsche ministers gaan dikwijls in de provincie redevoeringen houden, als het Parlement geen zitting heeft. Heete tranen vloeiden (biggelden) langs zijne wangen. Voordat er een week verloopen was, hadden de speurhonden van het gerecht de hand op hem gelegd. Allen kenmerkten zich door eene familiegelijkenis, en eigenlijk gezegd, hadden zij allen hetzelfde karakter. Dit is een regel, die het (geheele) leven door deugdelijk (steekhoudend) zal blijken. Het gekste van alles is, dat ik het moest beleven door u overtuigd te worden. Boven alles houd ik van een rit door de velden or Een rit door de velden is iets, waarvan ik 't meeste houd. Ik gevoel mij eenigszins stijf (stram) in de beenen. Hij is de bedrevenste schermer der heele stad. Hij ging naar de stad om rond te zien naar eene nieuwe piano voor zijn broeder.

97.

Het huis stond binnen weinige ellen afstands van de stadspoort. Voor zoover ik weet, heb ik hem nooit gezien. Ik kan je op een uur af zeggen, hoelang het zal duren. Ik heb gepoogd (beproefd) hem tot rede te brengen. Zij beproefden mij beet. te. nemen, maar bemerkten al spoedig, dat ik hun te slim af was. Er is in den grond iets goeds in hem, wat zich dan vertoont, wanneer men het 't minst zou hebben verwacht. Tegenover (te wachten) kwade kansen zijn de menschen steeds vol hoop; maar zwaarmoedigheid gaat een goeden uitslag vooraf. Hij droeg een veder (veer) op zijn hoed. Met complimenten haalt men bij onzen vriend niets uit, or: Complimenten vallen bij onzen vriend glad in het water. Wij hebben heel wat moeite gehad om achter de waarheid te komen. De jachthonden waren het spoor bijster. Ik kom er eerlijk voor uit, ik voel mij niet in staat, vrouwelijke schoonheid te beschrijven. Ik geloof dat de postwagen reeds klaar staat. Het is altijd mijn grondstelling geweest, dat het geld van den een zoo goed is als van den ander. Wij bezaten samen slechts een half dozijn schellingen. Zoo werden wij ten slotte bepraat (overreed) samen de twee gros groene brillen te koopen. Foei, gij, een matroos, en dan nog zorg aan boord meebrengen. De schrijver zal, ondanks mij, doen wat hem behaagt. Een papegaai, die al heeft hij tevoren ook eenig teeken van leven gegeven, wel een vogel van hout kon geweest zijn. Koorn den winter over houden. Zij twistten onder een borreltje (glas sterken drank). Wanneer een man in dienst is, moest hij boven zulke nietigheden verheven zijn. Hij heeft ons een eigenhandig geteekend bewijs gegeven, dat hij van eene geheel andere meening was. Weinige jaren geleden stonden er nog eenige huizen van de oorspronkelijke kolonisten (volkplanters).

98.

Den Heere H. S., Gouda.

Dordrecht, 4 Januari 1892.

De heer L. S. alhier heeft ons medegedeeld, dat gij onlangs eene zaak in kleine ijzerwaren gevestigd hebt, en daar gij ongetwijfeld ook in onze fabrikaten zult doen, zijn wij zoo vrij u onze prijscourant toe te zenden, met het beleefde verzoek, die eens te willen inzien en ons bij gelegenheid te vereeren met uwe bestellingen, waarvan wij het ons ten plicht zullen maken, die op de prompste en soliedste wijze uit te voeren.

Daar wij vernikkelde beslagen uitsluitend als specialiteit vervaardigen, mogen wij ons vleien, in dat artikel onovertrefbare waar te kunnen leveren, en, zooals gij uit onze prijslijst zult zien, zijn desniettegenstaande onze prijsnoteeringen zoo billijk als die van welken concurrent ook.

Wij hopen dan ook weldra eenigerlei bestelling van u te zullen ontvangen, en zijn gaarne bereid om u, des verkiezende, eene verzameling monsters toe te zenden.

Met alle achting
De Erven B.

99. ✓

Spreekwoorden en Spreekwoordelijke uitdrukkingen.

Hij kent geen a voor een b. Hij slaat altijd op hetzelfde aanbeeld (aambeeld). Iets voor een appel en een ei koopen. Om 's keizers baard twisten. Bitter in den mond maakt het hart gezond. Veel snaren op zijn boog hebben. Aan de vruchten kent men den boom. Een boom valt niet met den eersten slag. Rome is niet op éénen dag gebouwd. Bij den duivel te biecht gaan. Elk voor zich en God voor ons allen. Voor de geleerden is goed preeken. Men moet de gelegenheid bij het haar grijpen. Iemand het gras voor de voeten wegmaaien. Een haan is stout op eigen dam. Tusschen den hamer en het aanbeeld (aambeeld) zijn. Van de hand in den tand leven. Heet en koud uit een mond blazen. Kom ik over den hond, dan kom ik over den staart. Als twee honden vechten om een been, loopt een derde er mee heen. Hoogmoed komt vóór den val. De kolf naar den bal werpen. Den spijker op den kop slaan. Bij gebrek aan brood eet men korstjes van pasteien. Voor een harden kwast moet een scherpe beitel zijn. Leer om leer (sla je mij, ik sla je weer). Schoenmaker blijf bij uw leest. Hij is met zijn linkerbeen uit het bed gestapt. List gaat boven geweld. Er is altijd meester boven meester. Dit is een mes, dat aan twee kanten snijdt. De morgenstond heeft goud in den mond. Olie in het vuur werpen. Uit het oog, uit het hart. Het paard achter den wagen spannen. Den regen schuwen en in de sloot vallen. Spijkers op laag water zoeken. De tering naar de nering zetten. Dat is koren (water, graan) op zijn molen. Alle wegen leiden naar Rome.

100.

De haai.

Een vreeselijk voorbeeld van de woestheid (kwaadaardigheid) van den haai greep eens plaats bij de Gezelschaps-Eilanden in de Stille Zuidzee. Meer dan dertig inboorlingen staken van een dier eilanden naar een ander over in een groot vaartuig, bestaande uit twee kano's zijde aan zijde aan elkander verbonden. Door een storm overvallen, werden de kano's van elkander gerukt, en alleen konden zij niet rechtop drijvende gehouden worden. Tevergeefs beproefde de bemanning ze in evenwicht te houden. Ieder oogenblik werden ze omgeworpen.

Daarop maakten de mannen in der haast een vlot van al de losse planken en sparren die zich in de kano's bevonden, en beproefden zoo naar de kust te drijven. Het vlot lag zoo diep in het water, dat de golven tot boven de knieen van de arme inlanders stegen. Aldus rond geslingerd, waren zij weldra uitgeput van honger en vermoeidheid; en eindelijk begonnen de gevreesde haaien zich om hen te verzamelen. Weldra hadden deze verschrikkelijke monsters den moed de mannen aan te vallen en den een na den ander van het vlot weg te sleuren. De mannen hadden geen wapenen om zich te verdedigen, en waren alzoo een gemakkelijke prooi.

Het getal en de vermetelheid der monsters nam met ieder oogenblik toe. De rampzalige ongelukkigen (De arme schepsels)

*op het vlot werden de een na den ander weggesleurd, totdat er
nog maar twee of drie overbleven.* Het vlot, van zijn gewicht
ontlast, rees toen naar de oppervlakte, en bracht alzoo de
overblijvenden buiten het bereik van hunne verschrikkelijke
vijanden. Het getijde (De stroom) bracht eindelijk de mannen
naar een der eilanden, waar zij landden en het wedervaren
van hunne metgezellen vertelden.

101. ✓
Eene haaivangst.

Op zekeren keer kregen de matrozen aan boord van een
schip verlof van hunnen kapitein om jacht te maken op een
haai, die hen reeds eenige dagen volgde. Een sterke ijzeren
haak werd aan een ketting vast gemaakt en daaraan (aan den
haak) een stuk vleesch bevestigd. Vervolgens werd een lange
lijn aan den ketting gebonden.

Nadat alles gereed was werd het lokaas in zee neergelaten *laas*
in het gezicht van den haai, dien men zich zacht ter zijde voort-
bewegen zag dicht bij de oppervlakte van het water. Plotseling
maakte de visch een snelle beweging. Hij dook naar beneden,
naar beneden in het heldere water, en zwom vlak onder het
schip. Zich op zijn rug wentelend opende hij wijd zijne kaken
en zwolg beide lokaas en haak naar binnen.

Een krachtige ruk van de matrozen aan de lijn deed den
haak diep in het lichaam van den haai dringen (zich vast-
hechten). Op eens worstelde het monster (schepsel) als een
wanhopige om los te komen. Maar de lijn was sterk en de
mannen hielden (haar) stevig vast en rukten uit alle macht.
De haai werd eindelijk gevangen en gedood. Daarop spreidde
het schip weer zijne zeilen voor het zachte windje uit en vervolgde zijn weg door den oceaan. Deze wijze om haaien te
vangen wordt dikwijls gevolgd aan boord van schepen die de
tropische zeeën bevaren.

102.
Den Heeren Hermans & Comp., Leiden.

Utrecht, 2 Mei 1892.

De mij met uwen brief van 31 der vorige maand be-
rekende 10 balen Java Speck-koffie zijn gisteren hier aangekomen,
en dadelijk door mij onderzocht en geprobeerd.

Tot mijn leedwezen moet ik u berichten, dat deze koffie
volstrekt niet overeenkomt met het mij toegezonden monster en

*ik kan niet begrijpen, hoe gij mij deze waar als iets bij uit-
stek goeds hebt kunnen aanbevelen. Zooals de koffie daar ligt,
is zij veel meer geschikt om eene klandizie te doen verloopen,
dan om klanten te trekken; en ik heb het voor overbodig gehouden de koffie te probeeren, wat den smaak betreft, want al
ware die nog zoo goed, toch is zij door hare onooglijkheid zoo
goed als ten eenenmale onverkoopbaar, en zulks vooral in eene
pas opgerichte zaak.*

*Ofschoon het mij leed doet bij deze eerste zaak op zoo-
danige wijze met u te moeten correspondeeren, kan ik toch niet
nalaten u te verzoeken, over die koffie te beschikken; ik zou die
zelfs tegen eenen minderen prijs niet kunnen gebruiken.*

*Om u in staat te stellen u zelf te overtuigen, dat mijne
klacht gegrond is, zend ik u de helft van het mij geleverde
monster, en een monster uit de baal No. 201. Men behoeft
volstrekt geen kenner te zijn, om met een oogopslag te zien,
dat beide soorten zeer verschillend zijn.*

*De zaak is mij in zooverre onaangenaam, dat mij op dit
oogenblik juist die soort ontbreekt; en ik verzoek u mij terstond
per sneltrein te zenden*

*1 baal fijn blauwe Java-Koffie No. 26 a 63. Bij gelegen-
heid zal ik meer daarvan bestellen.*

Uw dadelijk antwoord te gemoet ziende, teeken ik

Met alle achting
P. J. Meulenaar.

103.

Den Heere P. J. Meulenaar, Utrecht.

Leiden, 4 Mei 1892.

*Het doet ons leed, dat gij met de u gezondene Java Speck-
koffie niet tevreden zijt, en wij moeten erkennen, dat het bij
uwe geëerden van 2 dezer aan ons toegezondene monster
eene geheel andere qualiteit is dan het monster, waarop
gij gekocht hebt. Daar wij echter, voor zoover wij weten,
geene koffie als het ons toegezondene monster in pakhuis hebben,
kunnen wij ons de zaak niet anders verklaren, dan dat zich
onder de door ons gekochte partij reeds een of meer balen van
mindere qualiteit bevonden hebben, en, naar het schijnt, zijn
die juist in uwe handen gekomen, hetgeen ons zeer leed doet.*

*Uit uwen brief was het ons niet duidelijk, of gij enkel
de baal 201, dan wel alle 10 de balen opengemaakt hebt; bijaldien dit laatste niet het geval mocht zijn, verzoeken wij u
vriendelijk dat alsnog te bewerkstelligen en ons den uitslag*

daarvan mede te deelen. Het is zeer waarschijnlijk, dat de overige 9 balen aan het oorspronkelijke monster zullen beantwoorden. Mocht zulks niet het geval zijn, dan zullen wij over de geheele partij beschikken, en u onverwijld de goede qualiteit toezenden. Om intusschen uwe behoefte voor het oogenblik met zekerheid te dekken, zenden wij u heden eene baal Java Speck-koffie No. 27 per sneltrein franco.

Uwe berichten te gemoet ziende, teekenen

Met de meeste achting

Hermans & Comp.

104.

Den Heeren Hermans & Comp., Leiden.

Utrecht, 7 Mei 1892.

Het doet mij genoegen u te kunnen mededeelen, dat zich het in uwen brief van 4 dezer geuite vermoeden bevestigd heeft: er zijn slechts 2 balen van minder qualiteit, No. 201 en 206; de overige 8 balen beantwoorden aan het monster, en die behoud ik, terwijl ik u verzoek over de 2 andere balen te willen beschikken. De verbeterde factuur inwachtende, teeken ik

Met alle achting

P. J. Meulenaar.

105.

Hij teekende nauwkeurig de prijzen op. Hij deed zijn werk zorgvuldig. Zij zag dadelijk de kracht dezer redenering in. In het algemeen (Over het geheel) had hij een prijzenswaardig (loffelijk) vertrouwen in zijn eigen oordeel. Hij hoorde weder de taal zijner kindsheid. Na hem een klein bewijs van mijne dankbaarheid en mijn goeden wil in de hand gestopt te hebben, vertrok ik. Deze vreemde gebeurtenis brengt mij een huwelijks-predicatie te binnen van den beroemden bisschop Taylor, waarin hij op die wijze (in dien geest) zinspeelde op huwelijken van weinig bij elkander passende personen. Zij bewaarden zorgvuldig in hun hart al wat zij hadden gehoord van hun dapperheid en hun edele afkomst. Maar wat was ik verheugd toen ik op het omslag er van de volmaakt gelijkende afbeelding vond, waarnaar ik zocht. Hij deed een beroep op zijne vrienden om bescherming (steun). Zijn verhaal komt in allen deele met het uwe overeen. Hij willigde onmiddellijk mijn verzoek in. Zij beklaagden den vader over (om) zijn droevig verlies. Zijn verslag wijkt van het uwe in ettelijke belangrijke bijzonderheden af. Hij onthield zich bij deze gelegenheid van persoonlijke tusschen-

komst. Gisteren schreef ik hem een brief. Op die wijze zal hij nimmer slagen. Rijk zal hij nimmer worden. Dien brief toonde zij aan haren vader. Hen ook had hij behoed voor tirannie (dwingelandij). Zevenmaal herhaalde deze onversaagde generaal den aanval. Tevergeefs beproefde hij het ei op zijn punt te doen staan. In weinig maanden was er geen spoor meer van over.

106.

Niet minder vreemden indruk maakten op ons de kleeding en de wijze van zijn (manieren) van het volk, zijn taal en godsdienst. Kort daarop had er een ander ongeluk plaats, veel verschrikkelijker dan het eerste. Wij zetten onze reis niet voort, daar er een bode met slechte tijdingen was gekomen. Deze staat van zaken zou nog aanmerkelijken tijd geduurd hebben, als zich geen nieuwe verwikkelingen hadden opgedaan. Toen (Bij deze woorden) werd ik in de rede gevallen. Toen zag ik mijn vergissing in. Gelukkig is de man, die wijsheid vindt. Zoo groot was de verbittering, dat er geen boodschappers te vinden waren om de tijdingen over te brengen. Hoewel arm, was hij toch eerlijk. Ofschoon de officieren (ambtenaren) verontwaardigd waren, toonden zij het (zulks) niet. Het is geen goud, dat ik vraag. Het was van hem, dat wij hulp verwachtten. Men had mij niet geleerd tegen zulke menschen op te zien. Ik kan u niet zeggen hoe mijn naam is, noch wie ik ben. Bovendien weet ik wat zij er over dacht en wat zij er nu over denkt. Hij vroeg naar de moraal (de zedelijke strekking van de vertelling, en wat zij moest bewijzen. Nooit ging grooter onbeschaamdheid gepaard met meer onwetendheid. Nauwelijks had ik toegegeven, of hij kwam met een nieuwen eisch aan. Nooit betoonde hij grooter tegenwoordigheid van geest dan bij deze merkwaardige gelegenheid. Zijn plan, zeide men, zou, hadden zich geen onvoorziene omstandigheden opgedaan, geslaagd zijn. Een noodlottige gebeurtenis, vertelde hij hun, had juist plaats gegrepen. Dit, antwoordde mij mijn vader, is de juiste toedracht van zaken. Nimmer, antwoordde ik op deze beleediging, zal ik dulden mij aldus voor den gek (den mal) te laten houden.

107. ✓
Wolven.

De wolf heeft een hongerigen, loerenden blik. Hij is bij uitstek woest en sluw; maar is tegelijkertijd zeer laftartig. Zijn scherp reukorgaan stelt hem in staat zijn prooi reeds op verren afstand te ruiken.

Zijn snelheid is niet bijzonder groot; maar hij wordt nooit vermoeid op de jacht (hij geeft de jacht nooit op); en hij blijft steeds door zelfs de snelsten zijner slachtoffers vervolgen, totdat hij ze heeft uitgeput en ingehaald.

In de groote en sombere wouden van Rusland, waar de sneeuw minstens acht maanden van het jaar den grond bedekt, zwerven de wolven in talrijke troepen rond; en het is voor den reiziger iets verschrikkelijks (vreeselijks), vooral als de nacht hem overvallen heeft, hun gehuil in de verte te hooren.

Een Engelschman, die eenigen tijd in St. Petersburg vertoefde, deelt het volgende verhaal mede: — Op betrekkelijk geringen afstand van St. Petersburg werd op zekeren dag een Russische boer in zijne slede achtervolgd door elf van deze woeste dieren. Hij bevond zich nog slechts ongeveer twee mijlen van zijne woning, en zoodra hij de wolven in het gezicht kreeg, zweepte hij zijn paard huiswaarts, tot den uitersten spoed.

Toen hij het hek, dat toegang tot zijn huis gaf, bereikte, vond hij dat gesloten. Maar het verschrikte paard smeet (duwde) het open en bracht zijn meester veilig (behouden) op het erf. Zij werden gevolgd door negen van de elf wolven; maar buitengewoon gelukkig, zwaaide, juist toen de wolven binnen kwamen, het hek op zijn hengsels terug, en werden zij zoo als in eene val gevangen. Oogenblikkelijk greep er met de lafhartige dieren, toen zij zagen, dat zij onmogelijk konden ontsnappen (ontkomen), een volledige omkeer (verandering) plaats. Verre van iemand aan te vallen, deinsden zij terug (trokken zij zich angstig terug) in gaten en hoeken en lieten zich, bijna zonder wederstand te bieden, dood slaan.

108.

Bedrog; baar, gebaar, beer, berrie, beurt, geboorte; borg, burg or burcht; barst; bede, gebed; bod, bode, gebod; bijt, beitel, beet, gebit; band, bende, bond, bundel; blijk, blik; brok, breuk, gebrek; boog, bocht, beugel; dracht; gedrang; drank, dronk; dwang; goud; genot, genoot; gaaf or gave, gift; gracht, groeve; greep; halm, helm, hel, hol, heul; hulp; klank, klink; kluif; knip, kneep; komst; kreet; kramp; logen or leugen; laag, gelag, leger; leed; mol, meel, molm, mul; maat, van **meet** *af; rit; rij, rei, regel, reeks; reuk; schot, schoot, scheut; schrede; schrift, geschrijf; slip, sleep; slot, sloot, sleutel; snit, snede; split, spleet; spraak, sprook, spreukje, gesprek; sprong; staak, stok, stuk, stekel; steiger, steeg; streek; stof; tuig, getuige, tocht, toom,* *teug, teugel, tucht; vaart, veer, voer; verlies, leus, te* **loor** *gaan, te* **leur** *stellen; vond* or *vondst, vinding, vondeling; vlieg, vleugel, vlucht, vogel; vliet, vlot, vloot; waag, gewicht; worp; wafel, weefsel; zang; landzaat, zeet, zet, zetel.*

109.

Balletje, biggetje or *bigje, boekje* or *boekske(n), boompje, broedertje (broertje), gaatje, huisje* or *huiske(n), jongentje* or *jongkse(n)* or *jonkske(n), kammetje, kannetje, karretje, katje, kindje (kindekijn), knietje, koninkje, mamaatje, mannetje, meisje* or *meiske(n), moedertje (moertje), mouwtje, paaltje, paadje, penninkje* or *penninkske(n), raampje, schaartje, slotje, treedje, vadertje (vaartje), vaatje, vedertje (veertje), verzamelingetje, vrouwtje, wandelingetje, weertje, woninkje, zoontje, zustertje (zusje).*

110.

Appelaar, bakkerij, bedelarij, bedriegerij, beeldenaar (beeltenis), belegering, boekerij, boender, bosschage, breedte, deksel, dieverij, diepte, dreigement, doffer, duikeling, evenaar (evening), flauwigheid — flauwiteit — flauwte, ganzerik, gieter, groente, hazelaar, helmet, hoogsel — hoogte, houweel — houwer — houwing, huichelarij, kater, kleeding — kleedij, koopvaardij, koude, kunst, lengte, lekking — lekkage, lekkerhij, lepelaar, lessenaar, liefde, pakkage — pakket — pakking, passer, rammelaar, rijmelarij, rozelaar, ruiterij, schelmerij, schepping, schilderij, schoeiing, smederij, stellage — stelling, stijvigheid — stijving, tooneel, vangst, vergeving — vergiffenis, vlakte, voogdij, vrijage — vrijerij, vuilnis, wandeling, winst, zaag — zaagsel, zilverling, zuring.

111.

Abdis, Amerikaan, Arabier, Aziër (Aziaat), bakker, bedelaar, bloemist, botterik, Darwinist, dievegge, dienares, dooper, dorpeling, drenkeling, drieling, duisterling, Egyptenaar, Europeeër, geweldenaar, godin — godes, hemeling, herbergier, hoveling, hoorder, huurder, Indiër, jager, klokkenist, kloosterling, koningin, kruidenier, kunstenaar, kunstenarij, kweekeling, leeraar — leerling, leeuwin, lieverd — lieveling, Lutheraan, Nederlander, Oostenrijker, overwinnaar, Parijzenaar, prinses, profetes, schrijver, smeekeling, stommerik, tuinier — tuinierster, tweeling, vertaalder — vertaalster, verhuurder — verhuurster, viezerik, visscher, vuilik, weduwnaar, woesteling, wolvin, zangeres, zwerver — zwerveling.

112.

De koninklijke timmerman.

Eerste Tooneel.

Peter. Het jaar is reeds om, en ik moet nu deze plaats
verlaten. Ik heb dit eenvoudige, nijvere volk lief gekregen.
Die Stanmitz is een goede, eerlijke vent. Ik hel er half toe
over hem te vertrouwen.
Stanmitz (treedt binnen). Wel, Peter, zijt gij nog hier?
Wat hoorde ik u zeggen, toen ik binnenkwam (naderbij kwam)?
P. Wel, kameraad, ik sta op het punt deze plaats te
verlaten.
S. Wat? Saardam verlaten? En waar zijt gij dan
van plan naar toe te gaan?
P. Terug naar mijn eigen land, — ons land, mag ik
wel zeggen; want gij weet, dat ik evenals gij zelf uit Rusland
kom. Ik kwam hier om den scheepsbouw te leeren, en nu is
het tijd om naar huis terug te keeren. Ik ben een heel jaar
weg geweest.
S. Moet gij gaan? Onze baas zal het spijten u te verliezen. Hij zegt, dat gij de ijverigste (bestendigste) werkman
van de werf zijt; hij stelt u ons allen ten voorbeeld.
P. Het verheugt mij een goeden naam achter te laten.
Maar zult gij werklieden niet allen blij zijn mij kwijt te zijn?
S. Neen, Peter; mij althans zal het leed doen (spijten)
u te moeten missen. Wij zijn al dien tijd vrienden geweest.
Ik heb werkelijk vriendschap voor u opgevat.
P. En eveneens ik voor u. Maar, waarom zouden wij
scheiden? Waarom niet met mij naar het oude vaderland
teruggekeerd? Is er niemand, die blij zou zijn u daar te zien?
S. Wel — ja; daar is mijn arme oude moeder, die
steeds naar mijn terugkomst verlangt; en dan nog een goed,
lief meisje, die, vrees ik, meer aan mij denkt, dan ik verdien.
Toch durf ik haast niet. — Peter, waarom moet gij ons
verlaten?
P. Omdat ik plichten heb, die mij naar huis roepen?
Gij weet, plicht vóór alles, dat is de stelregel van elk recht-
schapen man.
S. Ja, zooals de priester zegt.
P. Zooals ieder braaf man zal zeggen. U dwingt, denk
ik, geen onafwijsbare plicht (verplichting) om hier te blijven.
Laat ons hopen, dat wij elkander nog eens weerzien.

4*

S. *Vóór dat gij gaat, Peter, durf ik het er op wagen u een geheim te vertellen?*

P. *.Vertel het mij niet, als het iets is waarover gij u schaamt.*

S. *Neen, neen, ik schaam mij er niet over; maar het is iets, dat mij bevreesd doet zijn om naar huis terug te keeren. Ik ben te Moscou geboren.*

P. *Wel, dat is toch geen misdaad om in Moscou geboren te zijn; behalve dat het uw schuld niet is.*

S. *Dat is het niet wat ik bedoel. Luister! Op zekeren dag hield een troep soldaten dicht bij de hut van mijne moeder rust. De commandeerende officier liet aanstonds zijn aandacht op mij vallen, en verzekerde mij dat Czaar Peter mijne diensten zeer noodig had en wenschte. Kortom — kortom — daar was overvloed van jenever, en voordat ik goed wist wat ik deed, gaf mij de officier een geweer op schouder en deed mij afmarcheeren.*

P. *Om kort te gaan, gij waart aangeworven.*

S. *Dat onderstel ik; maar in werkelijkheid begreep ik dat destijds niet.*

113.

Elgroen, ouderdom, doeleinde, boosheid (gebelgdheid), antwoord, bepaling (bestemming, beschikking, bezoldiging, voorschrift etc.), scheidsman (scheidsrechter), aartsbisschop, aartsvijand, aartsvrek, overheden (overheidspersonen), achterstraat (achterbuurt), bastaard, berenklauw, gedierte (beesten), schoone (schoonheid), slaapkamer, beukeboom, bedelaarsherberg, levensbeschrijving, bisdom, zwart, domoor (domkop), blauw, blauwbaard, blauwkous, beenderen, vrouwenhoed, boekenkast, boekhandel, jongen, broederschap, gebouw, afweg, gril (luim), rijtuig, kattestaart, vee, oorzaak (reden, proces), bergketen, oorkonde (handvest), Christenheid, hanekam, hanespoor, zolderkamertje (vliering), halsband (kraag), metgezel (makker), gezelschap, medewerker, buitenplaats, lafaard, misdaad, wreedaard, drinkbeker, gevaar, waaghals, liever (lieveling), godheid, wanhoop, vernieler, tweeklank, vuil (modder, slijk), oneenigheid (verschil), wanorde (ongesteldheid), misnoegen (mishagen), veinzaard (veinzer), wanklank, wantrouwen, onbruik, stofregen, baker, hertogdom, graafschap, eierschaal, vijand, wangunst (nijd), kwaad, boerenwoning, kameraad (vennoot), brandspuit, gebladerte, dwaas (potsemaker), voorsmaak (voorproef), vergeet-mij-niet, gevogelte, broederschap, vriend, heereboer, geitevel, deugniet, goederen, ganzenei, ganzenmarkt, grootmeester, kleinzoon, knorrepot, leidsman, gulden, hagedoorn, gehoor (verhoor), paardevoet, eierpruim, menschheid (menschelijkheid), echtgenoot, afgod, binnenplaats, overstrooming, vreugde, vriendelijkheid, scharenslijp, ridderschap, lamprei, leiband, leeuwenbek, mansrok, passe-par-tout (looper), vol-au-vent (vleeschpastei), duizendpoot, vrek, molshoop, zedenleer, schoonmoeder, ossenbloed, adeldom, wanbetaling, nieuwigheid, min, kindermeid, eik, eikeboom, achterhoofd, grijsaard (oude man), meening, oorsprong, buitenzijde, heidendom, tijdverdrijf, pastei, vaderschap, geduld, aartsvader, perzikeboom, pereboom, pennemes, vijfhoek, afdak, menschenliefde, zevengesternte, dikkerd, pruimeboom, afgrond, vooroordeel, hoogmoed, vorstendom, afdruksel (afdruk), eigenschap (eigendom), voorzichtigheid, herberg (tapperij, kroeg), spoorweg (spoor), rood (roode kleur), roodhuid, eerbied, neushoorn (rhinoceros), rijkaard, rijkdom, rundergebraad, het loopen or *draven, heilige, heiligdom (vrijplaats), Zaligmaker (Heiland), Savoyaard, beeldjeskoop, vierspan, winkel, knapperd (sluwerd), ziel, zuurkool, brilledoos, spin (spinnekop), eskadron — eskader (smaldeel), vierkant, onderstelling, kleedermaker (kleermaker, kleerenmaker), gesnap (gekakel), zerk (grafsteen), werktuigen (gereedschap), stadspoort, tram (tramwagen), drieman, drievoet, dwingeland, eenhoren, ongedierte (gespuis), ondeugd* or *schroef, oorlog, wildzang, ongelijk (onrecht), geel, jong.*

114.

De koninklijke timmerman. *(Vervolg.)*

Eerste Tooneel. *(Slot.)*

P. *Gij werdt aangeworven als soldaat van den Czaar. Maar hoe komt ge dan hier?*

S. *Ja, daar hebt ge het (heb je 't)! Ik geef u de verzekering, dat de Czaar een groote vergissing beging toen hij mij als soldaat verlangde* or *wilde! Inderdaad ik ben niet van het hout, waarvan men helden maakt. Ik vond den dienst volstrekt niet naar mijn smaak. Ik moest mijn arme moeder en Catharina verlaten. Ik werd hierheen gecommandeerd, dan weer daarheen, — harde woorden, harde slagen. Op zekeren bitter kouden morgen in December werd ik om drie uur opgeroepen om op een hoogen winderigen wal in de sneeuw de wacht te betrekken. Ik moest inderdaad wandelen (loopen) om niet te bevriezen, en —— kunt gij het gelooven? — ik bevond ten slotte, dat ik aan het wandelen was op een afstand van vijf mijlen van de buitenposten!*

P. *Dat wil zeggen, gij waart gedeserteerd?*

S. *Zoo, is dat deserteeren? Ik was er zelf ook bang voor.*

P. *Goede vriend, weet gij wel, dat gij den kogel krijgt, als gij ontdekt wordt?*

S. *Die gedachte kwam dikwijls bij mij op; en zoo vond ik het verstandig een beetje verder te gaan, en ik maakte mij den weg naar Saardam ten nutte, en zoo ben ik hier. Zoo, nu kent gij mijn geheim, en ik geloof u te kunnen vertrouwen, want ik heb zoo'n idee (gij maakt op mij den indruk) alsof gij u in een dergelijke verlegenheid bevindt als ik.*

P. *Ik een deserteur! De ongerijmdheid zelve! (Hoe komt ge aan die bespottelijke onderstelling?)*

S. *Wel, ik heb steeds den indruk ontvangen (ik heb steeds door als 't ware gevoeld), dat er iets geheimzinnigs aan u was. Maar als gij naar huis terugkeert, zult gij mijn geheim voor u houden, is het niet? Want als een van de agenten van den Czaar mijn geschiedenis wist, zou het slecht met mij kunnen afloopen.*

P. *Als ik er wat aan doen kan, zal de Czaar er nimmer meer van weten, dan hij er op het oogenblik van weet. Maar hij heeft een eigenaardige manier, naar ik hoor (zegt men) om achter allerlei soort van dingen te komen. Wat een hard-vochtig, wreed man, om een wet te maken, dat een arme drommel moet doodgeschoten worden, om dat hij geen aanleg heeft voor soldaat (den krijgsdienst)!*

S. *Kom, spreek geen kwaad van den Czaar. Ik zou met genoegen iedereen op zijn gezicht slaan, die kwaad van hem sprak; en al heb ik geen lust om in zijn leger te dienen, zoo komt toch dikwijls de wensch bij mij op, hem op een andere wijs van dienst te kunnen zijn. Denk er om, oude jongen (kameraad), gij zijt de eenige sterveling aan wien ik mijn geheim verteld heb.*

P. *Ge kunt mij vertrouwen; ik zal u nimmer verraden, en den een of anderen tijd (dag) — wie weet wat er nog gebeurt? — zou ik nog wel eens in staat kunnen zijn u te bewijzen dat ik uw vriend ben.*

115.

Bitter, bleek, blank, brak, dicht — dik, gaaf, hol, be-kwaam, laag, mul, aangenaam, rijzig, sleetsch, slank, stuk, los — loos, vlug.

116.

Afgodisch, angstig, bedrijvig, begeerig, beverig, boersch, bokkig, daagsch, dienstig, duffelsch, eenig, ernstig, gelukkig, gevoelig, gewelddadig, godsdienstig, goedig, grappig, grondig, gouden — gulden, hoffelijk — hoofsch, houten, innig, ijzeren, jeugdig, kippig, koperen, kunstig, lakensch, lastig, levendig, looden, machtig, nalatig, nederig, neteldoeksch, nuttig, slaperig, statig, kundig, steedsch, bestendig, stooterig, taalkundig, vaderlandsch, verdrietig, vergeefsch, vijandelijk, vorig, voordeelig, vreesachtig, weelderig, wettelijk — wettisch, willekeurig, windig — winderig, zangerig, zilveren.

117.

Abyssinië — Abyssiniër — Abyssinisch, Afrika — Afrikaan — Afrikaansch, Albanië — Albanees — Albanisch, Alexandrië — Alexandriër — Alexandrijnsch, Algiers — Algerijn — Algerijnsch, Amerika — Amerikaan — Amerikaansch, Arabië — Arabier — Arabisch, Australië — Australiër — Australisch, Oostenrijk — Oostenrijker — Oostenrijksch, Batavia — Bataviër — Bataviaansch, Beieren — Beier — Beiersch, België — Belg — Belgisch, Berlijn — Berlijner — Berlijnsch, Bohemen — Bohemer — Boheemsch, Brazilië — Braziliaan — Braziliaansch, Britanje — Brit — Britsch, Bulgarije — Bulgaar — Bulgaarsch, China — Chinees — Chineesch, Keulen — Keulenaar — Keulsch, Denemarken — Deen — Deensch, Oost-Indië — Oost-Indiër — Oost-Indisch, Egypte — Egyptenaar — Egyptisch, Engeland — Engelschman — Engelsch, Europa — Europeaan (Europeeër) — Europeesch, Vlaanderen — Vlaming — Vlaamsch, Friesland — Fries — Friesch. Gasconje — Gasconjer — Gasconisch, Gallië — Galliër — Gallisch, Genua — Genuees — Genueesch, Griekenland — Griek — Grieksch, Hannover — Hannoveraan — Hannoveraansch, Holland — Hollander — Hollandsch, Hongarije — Hongaar — Hongaarsch, Ierland — Ier — Iersch, Japan — Japanees (Japanner) — Japansch, Java — Javaan — Javaansch, Malta — Maltezer — Malteesch, Milaan — Milanees — Milaansch, Napels — Napolitaan — Napelsch (Napolitaansch), De Nederlanden — Nederlander — Nederlandsch, Parijs — Parijzenaar — Parijsch, Perzië — Pers (Perziaan) Pl. Perzen — Perzisch, Portugal — Portugees — Portugeesch, Pruisen — Pruis — Pruisisch, Rome — Romein — Romeinsch, Rusland — Rus — Russisch, Saksen — Saks

— 56 —

— *Saksisch, Schotland — Schot — Schotsch, Servië —
Serviër — Servisch, Spanje — Spanjaard — Spaansch,
Turkije — Turk — Turksch, Weenen — Weener — Weener,
West-Indië — West-Indiër — Westindisch, Westfalen —
Westfaal — Westfaalsch, Zwaben — Zwaab — Zwabisch,
Zweden — Zweed — Zweedsch, Zwitserland — Zwitser —
Zwitsersch, Zeeland — Zeeuw — Zeeuwsch.*

118.

*Bekwaam, almachtig, alleen, beminnenswaardig (beminne-
lijk), schijnbaar (blijkbaar), kunstmalig, achterlijk, beestachtig
(dierlijk), zwartharig, zwartachtig, welzalig (gezegend), lichame-
lijk, bomvrij, gelaarsd en gespoord, fonkelnieuw (splinter-
nieuw), breedgeschouderd, zorgzaam (zorgvuldig), vitziek, liefde-
vol (weldadig), liefelijk, kinderachtig, onhandig, voltallig
(volkomen, volledig), bewust, bedachtzaam, troostvol, terreden,
behaagziek (behaagzuchtig, coquet), kostbaar, donkerrood, be-
treurenswaardig (beklagenswaardig), ontevreden, vermakelijk,
deelbaar, twijfelachtig, ouwelijk, verkiesbaar, gelijkmatig, rek-
baar, (ge)trouw, snelgewiekt, schrikachtig (vreesachtig), vrucht-
baar, buigzaam, vierdraadsch, goelijk, reuzegroot (reusachtig),
grasgroen, ernsthaftig (ernstig), groenachtig, gevaarvol (gewaagd),
hulpeloos, heldhaftig, eerbaar, eerzaam (eervol, Edelachtbaar),
menschelijk, schijnheilig, werkeloos, eerloos, onbreekbaar, weet-
gierig, instinctmatig, innerlijk, reddeloos, spotachtig, rechtvaardig,
langdurig (duurzaam), rechtmatig, lichtgroen, beminnelijk,
menigvuldig, manhaftig, melkwit, zedelijk, sterfelijk, kakelbont
(geschakeerd), gehoorzaam, olieachtig, oudachtig (ouwelijk),
uiterlijk, deelachtig, lijdzaam (geduldig), aartsvaderlijk, lofwaar-
dig (prijzenswaard[ig]), verkieslijk, bestand (proefhoudend), vier-
voetig, twistziek, alledaagsch (dagelijksch), bereid (gereed),
regelmatig, merkwaardig (opmerkelijk), berouwvol (boetvaardig),
achtingswaardig (achtenswaardig), eerwaardig (Weleerwaard),
ruw, zeeziek, gevoelvol, gedienstig (voorkomend), (ge)streng,
schaduwrijk, ondiep, onnoozel (flauw), hemelsblauw, langzaam,
(stokdoof, steenachtig, onderaardsch, doelmatig (passend), wis
gewis, zeker), bijgenaamd, babbelziek (praatziek), dankbaar
(erkentelijk), dankenswaardig, tooneelmatig (theatraal), verdrage-
lijk (dragelijk, tamelijk), waarachtig (waar), dienstig (nuttig,
bruikbaar), zichtbaar, draagbaar, willig (gewillig).*

De koninklijke timmerman.

Tweede Tooneel.

Vrouw S. O, Michael, moet gij ons zoo spoedig weer verlaten?

S. Ja, moeder; ik ben al reeds te lang gebleven. Ik kwam om u en Catharina te zien met gevaar van mijn leven; maar het gevaar daargelaten, als ik langer blijf, verlies ik mijn plaats (betrekking) te Saardam en al mijn hoop voor de toekomst. Gij weet men maakte mij soldaat tegen mijn wil en hoe meer ik er van zag, des te meer kreeg ik een afkeer van het soldatenleven. Maar als timmerman ben ik vrij en onafhankelijk, en ik zou volkomen gelukkig zijn, als slechts gij en Catharina met mij mee wildet gaan en voor mijn spaarduitjes zorgen.

Vrouw S. Ach, Michael, ik ben te oud om nu nog het land te verlaten (zoo'n reis te ondernemen); en wat Catharina betreft — zeker zijt gij nog niet in staat eene vrouw te onderhouden, is het wel?

S. Dat is maar al te waar, moeder; maar juist daarom is het te noodzakelijker, dat ik dadelijk terugkeer om weer aan het werk te gaan. Bovendien ik verkeer hier werkelijk in gevaar. (Er wordt geklopt.) He! wat iedere klop op de deur mij doet ontstellen. Wacht, moeder; doe de deur niet open voordat ik mij verborgen heb. (Hij sluipt achter een schut.)

Peter (treedt haastig binnen). Kom voor den dag, oude kameraad! Houd u maar niet verborgen; ik zag u immers door het raam! Ge zijt toch zeker niet bang voor mij?

S. Peter! is het mogelijk? Ik ben recht blij u weer te zien. Maar hoe ter wereld kom je hier in Moscou verzeild? Zoo diep het land in worden geen schepen gebouwd.

P. Dat is zoo, maar wel te St. Petersburg, de nieuwe stad welke de Czaar aan het bouwen is.

S. Men zegt, dat de Czaar juist heden in Moscou is.

P. Ja. Hij passeerde van morgen uwe straat.

S. Dat hoor ik, maar ik heb hem niet gezien. Peter, hoe hebt gij mij toch gevonden?

P. Wel, daar ik toevalligerwijs uw moeders naam boven de deur had gezien, kwam de gedachte bij mij op (u hier te zullen vinden), nadat ik naar het paleis teruggekeerd was.

S. Naar het paleis!

P. *Ja, ik noem altijd de plaats waar ik mijn intrek neem een paleis. Dat is een gril van mij.*

S. *Ge zijt altijd een zonderlinge vent geweest!*

P. *Zooals ik zeide, kwam ik op de gedachte of Juffrouw Stanmitz de moeder of de tante kon zijn van mijn ouden kameraad, en zoo trok ik deze vermomming aan.*

S. *Ha, ha! een heerenpak. Peter, waar heb je die fijne kleeren van daan?*

P. *(streng). Val mij niet in de rede, Mijnheer!*

S. *Wat een vreemde toon, om tot een oud vriend te spreken! Maar ik weet, gij meent het goed; en ik vind het aardig van u (ik dank u), dat gij iets van mij wenschtet te hooren.*

P. *Hè, Michael, we hebben samen menig zwaar houtblok gekloofd, den langen zomerdag door op de scheepswerf van Van Block.*

S. *Ja, dat hebben we, Peter! Ik wou, dat ge weer met mij teruggingt!*

P. *Ik kan hooger loon te Petersburg verdienen.*

S. *Als ik niet bang was voor een oproeping om rekenschap te geven van mijn lange wandeling op dien Decembermorgen, dan zou ik met u mee willen.*

120.

Bibberen, blozen, boeren, bukken, dartelen, dooden, doppen, dribbelen, drenken, duikelen, eindigen, groenen, halveeren, gehengen, heiligen, herbergen, hikken, huizen, innen, jakkeren, bejegenen, kabbelen, kibbelen, klapperen, kleeden, verkleinen, klooven, knabbelen from *knauwen, verkondigen, krabbelen, leggen, leiden, mijnen, naderen, vernederen, neigen, opperen, veroveren, pakken, ploegen, richten, rechtvaardigen, reinigen, roosteren, rotten, schilderen, schuifelen, verspillen, steenigen, stikken, sterken, stoffeeren, suffen, trotseeren, uiten, vervaardigen, vellen, voeren, vasten, beveiligen, visschen, voeteeren, bevredigen, waardeeren, wikken, wentelen, wenden, witten, zetten, zoogen, zuiveren.*

121.

Erkennen, verwerven, naderen, belanden, aanvallen, vermijden, druipstaarten, zich gedragen, gelooven, behooren, bevoordeelen, beweenen, trekkebekken, belenden (grenzen aan), leenen, herademen, belasten, plukharen, bezingen (vieren), verbedden, klapwieken, bezinken (zuiveren), kortwieken, bevatten, berusten (vertrouwen stellen in), bekoelen, verbrijzelen, ontkennen, ontadelen, verachten, verminderen, dineeren (middagmalen), ont-

dekken, vermommen, ontbinden (oplossen), ontraden, herdoen (overdoen), ontvreemden, zich vergissen (dolen), ontglippen, ontruimen, vervliegen (uitwasemen), ondervinden, ontslapen, (ge)voelen, versterken, (be)vriezen, winnen, knarsetanden, suizebollen, geschieden (gebeuren), zich erbarmen (zich ontfermen), vernederen, schoorvoeten (aarzelen), betreuren, reikhalzen, verbeuren (verliezen), verslapen, verspelen.

122.

Klappertanden, ontmoeten, vermelden, modelleeren, vermoorden, bevaren, knikkebollen, ontluiken (openen), schilderen, bevolken, versteenen, (be)planten, (be)snoeien, herlezen (overlezen), herbakken, herdoopen, herbouwen, herroepen, herkennen, verbranden, hervormen, weigeren, herinneren, verwijderen, vernieuwen, herhalen, herdrukken, gelijken, herleven, hereenigen, herzien, berooven, herkauwen, bevredigen, (ver)zegelen, verleiden, (be)grijpen, ontzien, ontvallen, (be)zaaien, verdrinken, vernagelen, ontspruiten, stampvoeten, (ge)lukken, verdenken, ontbranden, (ont)dooien, (ver)binden, begaan (betreden), bejegenen (tracteeren), ontgrendelen, ontsluiten, wandelen, knipoogen, weerhouden, bekransen (vlechten).

123.
De koninklijke timmerman.
Tweede Tooneel. (Slot.)

P. Hoe kwaamt gij er toe u hier terug te wagen?

S. Dit mijn oude moedertje was zoo verlangend mij te zien; en dan Catharina — zij heeft al dien tijd op mij gewacht, het lieve kind! Was ik maar niet zoo arm! Maar komende jaar, als het mij een beetje mee wil loopen met mijn werk bij Van Block, hoop ik in staat te zijn terug te komen en haar te trouwen, en dan mijn oude moeder over te halen met ons mee te gaan.

P. Ik zou nu juist een aardig sommetje kunnen verdienen met inlichtingen te geven omtrent een deserteur.

S. Asjeblieft, scherts niet over dat onderwerp, Peter! Ik weet gij doet het alleen voor de aardigheid (uit kortswijl), maar het brengt mijn moeder in onrust (het baart mijn moeder angst). — Wel, Peter, ik ben blij u weer gezien te hebben! Ik vertrek van avond — nog het een of ander aan de oude kameraden? (Een luid kloppen aan de deur. Hij gluurt door het venster.) Soldaten, en er is een officier bij! Wat kan dat zijn (beteekenen)? Peter, pardon (verschoon mij), maar ik moet verdwijnen.

P. Blijf hier! Ik verzeker u, dat zij niet naar u zoeken, (om u komen). Het zijn vrienden van mij.

S. O, in dat geval, kan ik blijven. Maar, weet ge, een van die lui lijkt sprekend op mijn ouden commandant?

De Officier treedt binnen. Een gewichtige depèche van St. Petersburg, Uwe Majesteit, die geen uitstel duldt (die uwe onmiddellijke aandacht. eischt).

Juffr. S. Majesteit!

S. Majesteit! Peter, wat beteekent dat?

Officier. Op uwe knieën, Meneer! Weet gij niet, wie dit is? Op uwe knieën voor Peter den Grooten, Czaar van Rusland!

Juffr. S. (op de knieën vallend). O, Majesteit! Uwe Majesteit! heb medelijden met mijn armen jongen! Hij is mijn eenige zoon! Hij wist niet wat hij deed!

S. Onzin, moeder! Dat is weer een van Peters uien. Ha! ha! ha! Flink zoo Peter! Nu die is goed.

Officier. Jou onbeschaamde schelm! laat me je eens wat meer van naderbij zien; mij dunkt wij hebben mekaar meer ontmoet. — Soldaten, arresteert dezen vent! hij is een deserteur!

S. (met een gebaar van wanhoop). Nu is het met mij gedaan! O Peter, Peter! kunt ge uw ouden kameraad niet helpen? Hoe kunt ge zoo rustig voortlezen?

Juffr. S. (hare handen wringend). Ach, beste officier, spaar mijn jongen!

Officier. Hij moet voor een krijgsraad verschijnen. Hij behoorde doodgeschoten te worden.

P. (plotseling opziende van het lezen der depèche). Officier, ik ben in de gelegenheid om van de diensten van uw gevangene gebruik te maken. Laat hem vrij.

Officier. Voor Uwer Majesteits wil moet alles buigen.

S. (terzijde). Alweer Majesteit! Wat beteekent dat alles toch? Ah, ik begin er iets van te begrijpen. Daar liepen geruchten in Holland, toen ik het verliet, dat de Czaar gewerkt had op een van de scheepstimmerwerven. Zou mijn Peter soms de keizer zijn?

P. Stanmitz. Nu kent gij mijn geheim.

S. En gij zijt —

P. De Czaar. (S. valt op de knieën.) Sta op, mijn vriend! Sta op oude vrouw; uw zoon, Baron Stanmitz, is veilig.

Juffr. S. Baron Stanmitz!

P. Ik eisch (heb noodig) zijn diensten om oppertoezicht te houden over mijn scheepswerf te St. Petersburg. Gij moet

beiden de noodige maatregelen nemen om dadelijk van hier naar de nieuwe stad de vertrekken. Michael, maak morgen uwe Catharina tot barones, en neem haar met u mee. Neen, neen, geen dank! Dringende bezigheden roepen mij, zoodat ik bij uw huwelijk niet tegenwoordig kan zijn (uw huwelijk niet kan afwachten). Hier heb je een beurs met dukaten. Een mijner secretarissen zal u morgen mijne bevelen brengen. Vaarwel!
S. O Peter! Peter! — ik wil zeggen Uwe Majesteit! Uwe Majesteit! Ik ben heelemaal in de war, ik weet niet wat ik zeggen zal, noch hoe u te danken! Vergeef mij, Uwe Majesteit! Vriend Peter! — Zeker, ik droom!
P. Ha! ha! Goeden dag, oude kameraad! We zullen elkaar nog wel eens weer zien! De complimenten aan uwe Catharina. (Vertrekt.)
S. Meneer de officier, wanneer denkt u, dat de krijgsraad, waarvan gij spraakt (wellicht) zal plaats hebben?
Officier. Baron, ik neem mijn afscheid. Ik hoop, dat gij bij gelegenheid eens een goed woordje bij Zijne Majesteit voor mij zult doen.
S. Nu op slag (dadelijk) naar Catharina! Wat heb ik haar al niet te vertellen!

124.

Anders, 's avonds, blindelings, boogswijze, daags — dagelijks, deels, dichte (bij), eens, eindelijk, gelijkelijk, gemeenlijk, gerallig, gewisselijk, gewoonlijk, gloeiend (mooi), eershalve — halverwegen — onzenthalve, gewapenderhand — voorshands — langzamerhand — bijdehand — thans — voorhanden, herhaaldelijk, heuschelijk, overhoop, kantig — bijkans, kortelijk — kortelings — kortom — kortaf, eerlang — overlang — voorlang, terloops, overluid, namaals — voormaals, midden (door), 's morgens, 's nachts, netjes, vannieuws — opnieuw, terecht — rechtens — rechts, slechts, stillekens, aanstonds, straks — strakjes, omstreeks — rechtstreeks, stuksgewijze, altijd — somtijds, vaak, verre — hoever(re) — zoover(re), volmaakt — volmaaktelijk, voortdurend, voorzichtig — voorzichtiglijk, waarlijk, warmpjes, mijnentwege — onzentwege, wijlen, zachtjes — zachtkens, zekerlijk — voorzeker, alleszins — geenszins, zoetjes.

125.

Aangaande, behoudens, gedurende, ingevolge, binnen, jegens (tegen — tegenover), krachtens, langs, naar — naast, nopens, ondanks, omstreeks, niettegenstaande, tijdens, buiten, volgens, wegens, bezijden.

126.

Behalve dat, dan dat, bijaldien — doordien — indien — naardien, doordat, ten einde, nademaal, overmits — mits dat, waarom, opdat, sedert dat, sinds dat, terwijl, zonder dat, zoodat.

127.
Circulaire bij de oprichting van eene handelszaak.

Rotterdam, 1 Februari 1892.

P. P.

Ik neem de vrijheid u hiermede kennis te geven, dat ik heden hier ter stede eenen

Wijnhandel

opgericht heb, die ik onder de firma

K. E. Aalsteker

zal drijven voor mijne eigene rekening.

Gedurende vele jaren op groote kantoren in dien tak van handel werkzaam geweest zijnde, heb ik daarin eene rijke ervaring en de noodige kennis van het vak opgedaan, zoodat ik, gerugsteund door een toereikend kapitaal, mij in staat mag achten, om mijne zaak met goed gevolg te kunnen besturen.

Het beginsel der strengste degelijkheid zal mij bij al mijne ondernemingen tot richtsnoer dienen, en het zal steeds mijn streven zijn om aan het vertrouwen, waarom ik u bij deze beleefdelijk verzoek, ten volle te beantwoorden, en de bestellingen, die mij, naar ik hoop, door u gegeven zullen worden, met alle zorg ten uitvoer te brengen.

U nog verzoekende van mijne onderstaande handteekening kennis te willen nemen, heb ik de eer hoogachtend te zijn

Uw Dw. Dienaar,
Karel P. Aalsteker,

die zal teekenen: K. P. Aalsteker.

128.
Circulaire bij de oprichting van eene fabriekzaak.

Haarlem, 15 Februari 1892.

P. P.

Vergun mij u bij dezen kennis te geven van de heden plaats gehad hebbende oprichting van mijne

Fabriek van Beslag-artikelen,

welke zaak ik zal drijven onder mijnen naam en voor mijne eigene rekening.

Eene goede waterkracht, alsmede eene aan de nieuwste vereischten beantwoordende inrichting van mijne fabriek, gepaard met degelijke kennis van het vak en de noodige geldmiddelen, maken het mij mogelijk solide waren, die in staat zijn om met die van anderen te concurreeren, te fabriceeren tegen billijke prijzen. Eene bestelling als proefneming zal u overtuigen, dat mijne fabrikaten in netheid en deugd met die van andere fabrikanten kunnen wedijveren, en dat ze nog iets goedkooper zijn.

Het zal mij eene eer wezen in u eenen klant te vinden, en gij kunt u overtuigd houden, dat ik u in ieder opzicht naar uw genoegen bedienen zal.

Ik voeg mijne prijscourant hierbij, en heb, onder aanbeveiling, de eer met alle achting te teekenen

Ferd. Witsenhoven.

129.

Circulaire bij den verkoop van eene zaak.

Den Haag, 15 April 1892.

Bij dezen geef ik ukennis, dat ik de dusver door mij onder de firma

Mineraalwater-fabriek La Haye, Ph. Korthuis

voor eigene rekening gedrevene fabriekszaak heden verkocht heb aan den heer Theod. Slips. Deze zal haar onder de oude firma voortzetten en alle activa (passiva zijn er niet) overnemen, en ik verzoek u, het aan mij geschonkene vertrouwen ook op hem te willen overbrengen.

Voor de mij zoo veelzijdig bewezene welwillendheid mijnen besten dank betuigende, behoud ik mij voor, u aangaande mijne verdere ondernemingen later in kennis te stellen, en verblijf met de meeste achting

Ph. Korthuis,

die niet meer zal teekenen: Mineraalwater-fabriek La Haye, Ph. Korthuis.

130.

Circulaire van den kooper eener zaak.

Den Haag, 15 April 1892.

P. P.

Uit de hierbijgaande circulaire blijkt u, dat ik heden van de tot dusver door den heer Ph. Korthuis onder de Firma

Mineraalwater-fabriek La Haye, Ph. Korthuis

gedrevene fabriek door aankoop eigenaar ben geworden, en ik verzoek u, ook mij met uw vertrouwen te willen vereeren.

*Ik zal er naar streven om den goeden naam, waarin mijn
voorganger zich heeft mogen verheugen, te behouden; en zijne
streng aan eer- en plichtgevoel gebondene wijze van handelen
zal mij in ieder opzicht tot richtsnoer dienen, waarmede ik hun,
om wier welwillendheid ik verzoek, den besten waarborg hoop
te geven voor de soliditeit van de wijze, waarop ik mijne zaak
zal beheeren.*

*Heb(t) de goedheid mij zeer dikwijls met uwe bestellingen
te vereeren, zullende ik mij beijveren die steeds met de meeste
zorgvuldigheid uit te voeren, en ontvang(t) de betuiging van
mijne bijzondere hoogachting.*

Theod. Slips,
die zal teekenen: *Mineraalwater-fabriek La Haye,*
Theod. Slips.

131.
Circulaire bij het verleenen van procuratie.

ᛞ   *Nijmegen, 1 Maart 1892.*
P. P.

*Daar mijne zaken buitenslands mij dikwijls een geruimen
tijd van huis verwijderd houden, heb ik den heer Joh. Zeeman,
die mij sedert acht jaren een trouw medewerker geweest is,
mijne procuratie verleend, en ik verzoek u, alles wat hij in
mijnen naam zal doen, te beschouwen als ware het door mij
zelven geschied.*

*Terwijl ik u nog op onderstaande handteekening van den
heer Zeeman opmerkzaam maak, maak ik van deze gelegenheid
gebruik, om mij in uwe verdere welwillendheid aan te bevelen
en teeken met de meeste achting*

P. Dorpers.
De heer Joh. Zeeman zal teekenen: pr. pro: P. Dorpers,
Joh. Zeeman.

132.
Den Heere Fr. Knoppers, machinenfabriek, Venloo.

Rotterdam, 3 April 1892.

*Door den heer C. Max, alhier, op uwe firma opmerkzaam
gemaakt, zenden wij u ingesloten de teekeningen van 3 stempelmachines, en verzoeken u, ons per ommegaande te melden, tegen
welken prijs en binnen hoeveel tijd gij die kunt leveren, waar-
bij wij doen opmerken, dat wij op den meest mogelijken spoed
aandringen en de termijn van levering in geen geval later mag
zijn dan 1 Mei.*

Als gij ons billijk en goed bedient, kunnen wij u nog ver scheidene orders in uitzicht stellen, daar wij voor de volledige inrichting van onze fabriek nog vele machines noodig hebben.

Met achting
Gerards en Kroese.

133.

Den Heeren Gerards en Kroese, Rotterdam.

Venloo, 5 April 1892.

Uit uwe geëerde letteren van 3 dezer zie ik met genoegen, dat gij mij de vervaardiging van 3 stempelmachines wilt op dragen, en ik verklaar mij bereid u die tegen 1 Mei te leveren, alhoewel die termijn eenigszins kort is.

Naar de mij toegezondene teekeningen berekend, komen de 3 stempelmachines op 1400 gld., te leveren alhier a contant, namelijk No. 1 a 550 gld., No. 2 a 500 gld. en No. 3 a 350 gld. Ik heb de prijzen zoo laag gesteld, dat u, voor solied werk, door de concurrentie geen goedkoopere aanbie.'ing gedaan zal worden, en ik mag dus hopen, dat gij mij de levering van die machines zult opdragen, in welk geval ik, den korten termijn van levering in aanmerking genomen, om uw spoedig bericht verzoek.

Met de meeste achting
Fr. Knoppers.

134.

Aanvraag bij een bankier om de vergunning accepten bij hem te domiciliëeren.

Den Heeren Zadelhof en Timmermans, Amsterdam.

Kampen, 15 Maart 1892.

Ik neem de vrijheid, mij met de beleefde vraag tot u te wenden, of gij mij vergunnen wilt mijne accepten in uw domi cilie betaalbaar te stellen, en welke uwe voorwaarden zijn. Het zou een jaarlijkschen omzet van omstreeks f. 80000.— betreffen, zijnde de op mij getrokkene wissels altijd in appoints van belangrijke bedragen, zoodat uiterst zelden posten beneden de f. 20000.—, maar nimmer posten beneden de f. 1000.— voorkomen.

Ik zou het mij ten plicht stellen, u altijd eenige dagen vóór den vervaldag behoorlijke dekking te doen toekomen. Uw antwoord te gemoet ziende, heb ik de eer te teekenen

Hoogachtend
Jan Knap.

135.
Antwoord.

Den Heere Jan Knap, Kampen.

Amsterdam, 17 Maart 1892.

Wij zijn in het bezit van uwen geëerden van 15 dezer, en geven u gaarne de vergunning, om de op u getrokken wordende wissels in ons domicilie betaalbaar te stellen.

Bij het ons geopende uitzicht op eenen omzet van f. 80000.— per jaar, betaalbaar in appoints niet beneden de f. 1000.— berekenen wij u slechts 1°/o provisie, en zenden wij u de betaalde wissels franco toe.

Wij hopen, dat gij deze billijke voorwaarden aannemen zult, en zien uw antwoord te gemoet.

Hoogachtend
Zadelhof en Timmermans.

136.
Aanbevelingsbrief.

Den Heeren Hoffmann en Bär, Weenen.

Rotterdam, 1 Mei 1892.

Het strekt ons tot genoegen, den overbrenger van dezen brief, den heer Adolf Strelitski, met u in kennis te brengen.

Hij bezoekt uwe plaats, om nieuwe handelsbetrekkingen aan te knoopen, en wij zullen het dankbaar erkennen, als gij hem daarbij met uwen raad en uwe plaatskennis de behulpzame hand wilt bieden.

Wij kunnen u den heer S. als een degelijk en solied man van zaken aanbevelen, en verzoeken u hem welwillend te ontvangen.

Van elke vriendelijkheid, die gij aan den heer S. bewijst betuigen wij reeds bij voorbaat onzen besten dank, en teekenen

Met de meeste achting
Wijnandts en Fock.

137.
Eenvoudige kredietbrief.

Den Heere Francesco Cirio, Milaan.

Amsterdam, 15 Mei 1892.

Ik geef mij de eer, den heer A. Harinxma, lid der zeer geachte firma Harinxma en Comp., bij u te accrediteeren voor de som van

L. 12000 — zegge twaalf duizend lire.

Wees zoo goed, aan mijnen vriend tot dit bedrag de sommen, die hij verlangen mocht, vrij van kosten uit te betalen, en voor het aldus bij u uitgeschotene op mij te trekken, na mij vooraf een duplicaat der quitantie te hebben toegezonden.

Hoogachtend
T. Borromeo.

138.
Order tot verkoop van een geldswaardig papier.

Den Heeren Schaap en Bonte, Amsterdam.

Middelburg, 18 Mei 1892.

Ingesloten zend ik u f. 12000.— Rotterdamsche paardenspoor-aandeelen die u verzoek zoo goed mogelijk, maar niet onder 95, te verkoopen en de opbrengst, onder berichtzending, te mijner beschikking te houden.

Uwe berichten te gemoet ziende, teeken ik.

Hoogachtend
P. C. de Graaf.

139.
Bericht van verkoop.

Den Heere P. C. de Graaf, Middelburg.

Amsterdam, 21 Mei 1892.

De ons bij uwen brief van 18 dezer toegezondene f. 12000. Rotterdamsche paardenspoor-aandeelen hebben wij a 95 $^1|_2$ franco onkosten verkocht en u daarvoor met f. 11400 — gecrediteerd, over welk bedrag wij u verzoeken naar goedvinden te beschikken.

Ingeval gij dat bedrag weder in aandeelen wenscht te plaatsen, kunnen wij u Amsterdamsche Bouwvereeniging a 87 $^1|_4$ aanbevelen, als een solied en gedurig in koers rijzend papier. De nieuwste koersnoteering hierbij voegende, teekenen wij

Hoogachtend
Schaap en Bonte.

140.
Aanzoek om eene betrekking.

Den Heeren Gebr. Bastings, Rotterdam.

Kampen, 1 Mei 1892.

De heer E. Pronk, van de firma Pronk en Comp., alhier, heeft mij medegedeeld dat binnenkort bij u de betrekking van correspondent openkomt, en ik neem de vrijheid, u beleefdelijk *mijne diensten aan te bieden, terwijl ik u hieronder een kort overzicht van mijne loopbaan tot heden aanbied.*

Ik ben een zoon van Hk. Zandvliet, fabrikant te Tiel, en heb mijne schoolopleiding genoten te Arnhem. Op mijn vijftiende jaar kwam ik als leerling op het kantoor bij den heer C. H. Klaverweide, te Arnhem, van wien ik bijgaande getuigschrift mocht ontvangen, toen ik 1 Juli 1887, ten genoege van mijnen patroon, mijn leertijd eindigde.

Den 15 October 1888 ben ik als bediende, om de facturen te schrijven, op het kantoor van de papierfabriek te Kampen gekomen, waar ik thans nog werkzaam ben als correspondent.

Mocht het u, na het bovenstaande, behagen mij voor de bij u openvallende plaats aan te nemen, dan durf ik u de verzekering geven, dat ik mijn uiterste best zal doen, om die betrekking tot uwe tevredenheid te vervullen.

Terwijl ik u beleefdelijk verzoek mij met uw vertrouwen te vereeren, hetwelk ik mij zeer zeker waardig zou toonen, teeken ik in de hoop op een gunstig antwoord,

Met de meeste hoogachting
Joh. Zandvliet.

Printed by C. F. Winter, Darmstadt.

www.ingramcontent.com/pod-product-compliance
Lightning Source LLC
Chambersburg PA
CBHW020246090426
42735CB00010B/1852